EMILIA HANDKE · MEIKE BARNAHL

Dein Leben, dein Moment

EMILIA HANDKE
MEIKE BARNAHL

Dein Leben, dein Moment

RITUALE NEU ENTDECKEN UND INDIVIDUELL GESTALTEN

KÖSEL

Wir haben uns um eine gendergerechte Schreibweise bemüht. Sollte uns diese im Einzelfall nicht gelungen sein, sind bei der Verwendung entsprechender geschlechtsspezifischer Begriffe im Sinne der Gleichbehandlung ausdrücklich alle Geschlechter angesprochen.

Jeanne Vera Caspar danken wir für die freundliche Genehmigung zum Abdruck ihres Gedichts »nur sein« auf S. 147. Martin Pieper danken wir für die freundliche Genehmigung zum Abdruck seiner Zusammenstellung der zünftigen Richtsprüche auf S. 62f.

MIX
Papier | Fördert gute Waldnutzung
FSC® C014496

Penguin Random House Verlagsgruppe FSC® N001967

Umschlaggestaltung: zero-media.net, München
Umschlagmotiv: FinePic®, München
Innenabbildung: JMBee Studio/adobe.stock.com
Satz: Satzwerk Huber, Germering
Druck und Bindung: GGP MediaGmbH, Pößneck
Printed in Germany
ISBN 978-3-466-37313-0

www.koesel.de

Für alle, die auf der Suche sind nach heiligen Momenten, die unser Leben lebenswert machen.

Für alle, die dafür einstehen, dass es Räume und Rituale geben muss, die genau diese Momente feiern.

Für alle, die mitgeholfen haben, st. moment zum Leben zu erwecken.

Inhalt

Einleitung
Rituale als Rastplätze des Lebens

Emilia Handke

Das Leben ist eine Reise. Täler und Berge, Wiesen und Auen, Klippen und Dünen, Wüstenlandschaft, Sümpfe, Stromschnellen und ruhige See wechseln einander ab. Manchmal sehen wir den Wald vor lauter Bäumen nicht. Ab und an beschleicht uns das dumpfe Gefühl, auf einem Vulkan zu sitzen oder in der Höhle des Löwen auszuharren. Bisweilen lässt man sich zu der Feststellung hinreißen: Jetzt bin ich definitiv in Absurdistan gelandet!? Und irgendwann nach langen Tagen und durchwachten Nächten dann wieder: grenzenlose Weite und endloses Himmelblau. Das aufatmende Gefühl von Freiheit. Die Wahl zwischen ausgetretenen und unbekannten Pfaden. Das Rauschen der Wellen, der Gesang der Vögel und nachts die Sterne über dir.

Manchmal kommen wir auf dieser Reise nur mit vorsichtigen Trippelschritten voran, ein anderes Mal tragen uns Siebenmeilenstiefel. Mal kriecht man – symbolisch auf dem Zahnfleisch – oder stolpert eher durch die Gegend, dann kann man plötzlich wieder größere Sprünge machen. Ab und an legt man einen Sprint ein – wenn man Strecke schaffen will, wenn der Druck groß ist. Mal ist Kurzstrecke, öfter wahrscheinlich Langstrecke angesagt. In manchen Zeiten sind wir in Begleitung, manchmal aber auch ganz alleine unterwegs …

Wenn wir auf dieser Reise durch abenteuerliche Lebenslandschaften und Gefühlsgemengelagen mit anderen Menschen zusammentreffen und nicht bei einer oberflächlichen Bekanntschaft stehen bleiben, dann erzählen wir einander in der Regel von wichtigen Erlebnissen, von besonderen Momenten auf unserer Lebensreise. Dann wird Leben zur erzählten Zeit. Selten erzählen wir dabei vom Alltag, sondern vielmehr von den Stationen, auf denen uns etwas Wichtiges widerfahren ist. Momente, die sich herausheben aus dem Einerlei des Alltags: in denen wir herausgefordert waren, die sich uns eingebrannt haben, die wir nicht mehr loswerden, aus denen wir leben, die immer bleiben. Sie haben oft mit anderen Menschen zu tun: Wir haben einen Weggefährten getroffen, der unserem Leben eine andere Richtung gegeben hat. Oder wir haben uns auf unserer Wanderschaft von jemandem verabschieden müssen, der von unserer Reise bisher einfach nicht wegzudenken war. Oder wir haben bewusst zueinander gesagt: Lass uns beide ab jetzt besser getrennte Wege gehen! Oder einander das Gegenteil versprochen: »Wo du hingehst, da will ich auch hingehen; wo du bleibst, da bleibe ich auch.« (Rut 1,16) Das ist übrigens einer der beliebtesten Hochzeitssprüche aus der Bibel.

Manchmal gibt es auch kostbare Momente, die mit einer größeren Gemeinschaft zu tun haben: besondere Erinnerungen an eine Clique in der Schule, ein Team im Basketball-Club oder an die Fangemeinschaft in der Südkurve, an einen Chor oder eine andere Familie. Es gibt aber auch besondere Momente, die man ganz allein für sich hat: Erkenntnisse, die einem plötzlich aufleuchten; Augenblicke in der Natur, bei denen man am liebsten einfach nur stumm Applaus klatschen möchte; und auch Erfahrungen der Anwesenheit von etwas noch Größerem, das wir in der Kirche »Gott« nennen. Alle diese Momente sind für uns, Meike und mich, die Autorinnen dieses Buches, »heilige Momente«, weil wir glauben, dass Gott immer dabei ist – bei Abschied und Aufbruch und natürlich auch beim Unterwegssein. Manchmal kann man ihn fühlen oder schmecken, manchmal hört sich Gott eher wie ein sanftes Säuseln an. Davon erzählen eigentlich alle Geschichten der Bibel.

Die besonderen Momente auf unserer Lebensreise, die Momente, in denen wir innehalten und von denen wir einander erzählen – genau um diese Momente geht es in diesem Buch. Denn auf unserer Reise brauchen wir immer wieder Rastplätze und Herbergen, an denen wir Pause machen können oder den Zäsuren in unserem Leben Raum geben dürfen.

Rituale mit ihrer Mischung aus alten und neuen Worten wollen genau so etwas sein – Orte, an denen du dich ausruhen und erholen kannst, ein Obdach auf deiner Reise findest. Rituale sind Orte, an denen die richtigen Worte schon bereitliegen. Denn unser Leben braucht immer wieder eine Sprache, die es auslotet, die es auf den Punkt bringt: Wir brauchen Worte, die Auswege zeigen, Dank zum Ausdruck bringen und Segen schenken zum Weitergehen. Manchmal gelingt es uns, diese bergenden und behütenden oder Kraft schenkenden Worte von alleine zu finden – öfter helfen uns geliehene Worte. Manchmal von Menschen aus unserer Nähe und manchmal eben auch aus heiligen Schriften wie der Bibel. Worte, die viele Jahrhunderte älter sind als wir selbst.

Wenn wir Pause machen und die Reise unterbrechen, dann gelingt uns für einen Moment ein kleiner Draufblick auf das, was vor uns, und das, was hinter uns liegt. Von dem dänischen Philosophen Søren Kierkegaard ist der viel zitierte Satz überliefert: »Das Leben wird vorwärts gelebt und rückwärts verstanden.« Meike und ich glauben, dass da was dran ist: Verstehen lässt sich der eigene Weg oft erst, wenn man sich für dieses Verstehen auch Zeit nimmt, den Lauf des Lebens für einen Moment unterbricht und sich ganz bewusst in Beziehung setzt zu sich selbst, seiner Umgebung und – für uns – auch zu Gott. Mit diesem Rück- und Vorausblick dehnen Rituale die Zeit ein bisschen aus, indem sie einen bestimmten Moment des Lebens – eine Einschulung, eine Hochzeit, einen Abschied und vieles andere mehr – groß machen und ihn feiern, also würdigen und einbetten, ihm im wahrsten Sinne des Wortes »Zeit geben« und die Verbindungen stärken zu allen Menschen, die in diesem besonderen Moment an unserer Seite sind.

So wie Rastplätze und Herbergen kommen Rituale nicht aus dem Nichts. Da ist immer schon ein Baumstamm, auf den ich mich setzen kann, eine gemähte Wiese, auf der ich mein Zelt aufschlagen kann, oder eine Höhle, in die ich mich zurückziehen kann. Rituale transportieren Worte, Werte und Handlungen, die Menschen schon lange vor uns selbst wichtig waren. Zum Beispiel, wenn wir einen toten Menschen bestatten oder den unendlichen Wert eines neugeborenen Kindes feiern, für Speis und Trank danken oder für geleistete Arbeit. Damit stabilisieren sie das Leben, weil sie seinen Widerfahrnissen Fassung und seinen Wegstrecken Würdigung geben. Der Philosoph Byung-Chul Han hat das ziemlich schön auf den Punkt gebracht, indem er schreibt, dass Rituale »das In-der-Welt-Sein in ein Zu-Hause-Sein [verwandeln]. Sie machen aus der Welt einen verlässlichen Ort. [...] Sie machen die Zeit bewohnbar.«[1] Ohne das alles würde sich noch viel stärker als ohnehin schon die Frage stellen, warum wir das alles tun: laufen und kämpfen, sprinten und ausharren, kriechen und springen, arbeiten und ausruhen, sich verbinden und trennen.

Das Kirchenjahr, an dem sich viele unserer Feiertage mit ihren alten Ritualen orientieren, bietet Rastplätze zu ganz unterschiedlichen Themen an: zum Beispiel die Zeit des Wartens im Advent, den Verzicht ab Aschermittwoch, den Dank für die Ernte im Herbst, die Zeit der Trauer im November oder den Ausblick auf unsere großen Hoffnungen am Ewigkeitssonntag. Und natürlich gehören auch Fasching und Karneval oder die Raunächte zu diesen Rastplätzen des Jahreskreises dazu. Ohne solche Rituale, die die Zeit strukturieren und uns Orientierung geben, ist die Zeit bloß »ein unbeständiger Fluss«[2] – ohne Inseln, ohne Ankerplätze. Nur rauschendes Getöse. Je mehr jedoch die Selbstverständlichkeit dieser Rituale schwindet, desto schwieriger wird es für eine Gesellschaft, ein gemeinsames Ganzes zu entwickeln und zu verkörpern. Denn die Rituale geben uns auch die Möglichkeit, uns aus unserer Isolation in der Welt herauszuholen, indem sie uns zu einem bestimmten Anlass zusammenführen und dabei zu einer Gemeinschaft werden lassen. Eine bloße Masse von Tourist:innen auf einem Kreuzfahrtschiff ist noch keine Gemeinschaft – dazu braucht es Rituale des Kennenlernens und des miteinander Feierns und einen gemeinsam geteilten Wertehorizont.

Rituale leben von Wiederholungen. Indem wir individuell als Einzelne oder gemeinsam in einer Gesellschaft Worte und Handlungen wiederholen, brennen sie sich uns ein. Das Versprechen »In guten und in schlechten Zeiten …« ist wohl eines der bekanntesten Beispiele dafür. Oder auch Psalm 23 aus der Bibel. Als ich selbst am Totenbett meines Vaters saß, stand für mich die Zeit still. Alle eigenen Worte schienen mir fehl am Platz. Irgendwann nach langer Stille stiegen Worte auf, die ich in meiner Konfi-Zeit einmal auswendig lernen musste. Ich habe mich damals an ihnen festgehalten. Wie viele Menschen sie angesichts großer innerer Not wohl schon gemurmelt haben?

»Der Herr ist mein Hirte,
mir wird nichts mangeln.
Er weidet mich auf einer grünen Aue
und führet mich zum frischen Wasser. […]
Und ob ich schon wanderte im finsteren Tal,
so fürchte ich kein Unglück;
denn du bist bei mir,
dein Stecken und Stab trösten mich …«

Indem wir Worte und Handlungen wiederholen, lernen wir, sie tiefer zu verstehen – nämlich mit dem Herzen. Die Wiederholung bettet uns ein in die Gemeinschaft derer, die vor uns waren und die nach uns kommen. Wir verbinden uns in diesem Moment mit ihnen – durch alle Zeiten hinweg. Der Soziologe Hartmut Rosa hat das »kulturell etablierte Resonanzachsen« genannt. Sie werden durch Rituale gestiftet: Vertikal verbindet man sich dadurch mit Gott oder den Göttern, dem Kosmos, mit Zeit und Ewigkeit. In der Horizontale verbindet man sich mit anderen Menschen und in der Diagonale mit Dingen wie z.B. Schiffen oder Häusern.[3]

Rituale sind aber nicht einfach nur Worte, sondern auch sinnliche Handlungen – sie werden über den Körper erfahren. Wir betreten dafür besondere Räume, singen oder hören Musik, zünden Kerzen an, falten Hände, essen und trinken. Und auch beim Segen wird das besonders deutlich. Hier spürt man mit der Hand auf dem Kopf oder den Schultern den Zuspruch: »Es ist gut, dass du da bist. Du bist geliebt. Du bist nicht allein.« Nach dieser Bestätigung suchen wir immer wieder, auch als Erwachsene – ob in der Familie, im Freundeskreis, auf der Arbeit oder im Leben überhaupt. Und hier wird noch etwas anderes deutlich: Rituale helfen beim Umgang mit den eigenen Gefühlen – geben mancher Fassungslosigkeit Fassung und dem Jubel einen Ausdruck, bilden die eigene Identität aus und stärken sie. Denn es gibt viele Zeiten auf unserer Lebensreise, wo die eigene Identität immer wieder gehörig wackelt: Wer bin ich eigentlich? Was tue ich hier? Was soll das Ganze?

In den letzten Jahrzehnten sind viele Äquivalente zu Taufe, zur kirchlichen Hochzeit und Bestattung entstanden. Zahlreiche Ritualdesigner:innen und Ritualbegleiter:innen haben den Markt dafür entdeckt. Bei der Namensweihe für kleine Kinder, der Jugendweihe oder der weltlichen Hochzeit und Bestattung bilden die kirchlichen Rituale immer noch so etwas wie eine Hintergrundfolie. Trotzdem zeigt diese Entwicklung, dass die Rituale der Kirche in der modernen Kultur mittlerweile zu einer Variante der Sinnsuche neben vielen anderen geworden sind. Eine Option, die man wählen kann, aber nicht mehr muss. Vielen erscheinen die Rastplätze und Herbergen der Kirche inzwischen ein wenig verstaubt. Oder sie trauen sich einfach nicht, sie zu betreten, um dort Pause zu machen. Ich durfte mich vor etwa zehn Jahren in meiner Doktorarbeit an der Uni in Halle länger damit beschäftigen, warum die Kirche mit ihren Ritualen für viele Menschen so etwas wie ein Buch mit sieben Siegeln geworden ist. Gewissermaßen war das so etwas wie ein allererster Initiationsmoment für dieses Buch hier. Weil in mir selbst auch so viele Ideen dazu sprudelten, zog es mich dann jedoch in die Praxis, wo ich mich ausprobieren und bewähren wollte. Neben der Arbeit in einer Kirchengemeinde baute ich das Innovationszentrum »Kirche im Dialog« in Hamburg auf. Mein erstes und wichtigstes Projekt war die Gründung einer Ritualagentur. Das Konzept dafür hatte ich schon in der Zeit an der Uni und in meiner Ausbildung zur Pastorin entwickelt und dann in Hamburg Verbündete dafür gesucht. Eines Tages traf ich mich mit einer Gruppe junger Pastor:innen, die selbst schon sehr viel über Kircheninnovation und eine andere Art der Zusammenarbeit nachgedacht hatten. Unter ihnen war Meike, die damals noch Gemeindepastorin in Hamburg und sofort Feuer und Flamme für die Idee einer Ritualagentur war. Gemeinsam haben wir die Gründung dann weiter vorangetrieben, haben Kompliz:innen gesucht, mit anderen gemeinsam das Team zusammengestellt und dann auch den Namen entwickelt: *st. moment*. In Hamburg gibt es also seit dem 1. Januar 2022 nicht mehr nur *St. Pauli* oder *St. Georg*, sondern auch *st. moment*. Wir sprechen das übrigens erst Deutsch und dann Englisch aus [sankt moʊmənt]. Ziel dieses kleinen kirchlichen Start-ups ist es, dass wir als Kirche unkompliziert erreichbar sind, sichtbarer werden in unserer geistlichen Kreativität an ganz verschiedenen Herzensorten und wirklich vorbehaltlos auf Menschen zugehen, um sie in den heiligen Momenten ihres Lebens zu begleiten.

Zwischenzeitlich haben wir vor, neben und mit *st. moment* so viele Menschen in ganz besonderen Momenten auf ihrer Lebensreise begleiten dürfen, dass wir jetzt in diesem Buch davon erzählen wollen. Wir finden, dass Rituale in unserer modernen, unübersichtlichen und sich immer schneller drehenden Welt fast noch wichtiger sind als jemals zuvor. Und wir finden, dass jetzt die Zeit dafür gekommen ist, sie (wieder) zu entdecken, ihre verbindende Kraft zu spüren und sie vor allem so individuell zu gestalten wie nur möglich. Kirche verändert sich mit den Menschen, die sie gestalten – genau das erleben wir auch bei *st. moment,* und auch davon wollen wir hier erzählen.

Ihr findet in diesem Buch 19 Erzählungen, die so wahr sind wie das Abenteuer Leben selbst. Jede einzelne steht für sich und beleuchtet einen anderen heiligen Moment dieses Lebens, das sich aus vielen verschiedenen Facetten, Erfahrungen und Perspektiven zusammensetzt. An allen Erzählungen haben Meike und ich gemeinsam gearbeitet – und bereits diese kleine Auswahl verrät: Es gibt aus unserer Sicht sehr viel mehr heilige Momente als nur Taufe, Hochzeit und Bestattung! Wir können mit zeitgemäßen Ritualen genau denjenigen Momenten heilige Kraft verleihen, die uns prägen. Ob sie unter dem Kapitel »Aufbruch«, »Unterwegssein« oder »Abschied« stehen, ist manchmal nur eine Frage der Perspektive. Lass dich überraschen!

Und eines soll an dieser Stelle auch noch einmal eigens betont werden: Es gibt viel mehr offene und kreative Pastor:innen als das Team von *st. moment*. In unserem Schlusskapitel erzählen wir dir, wie du sie finden kannst, um dein Leben, deinen Moment zu feiern. Laut oder ganz leise. So wie es für dich passt.

Aufbruch, oder:
Die Sehnsucht nach einem guten Anfang

Emilia Handke

Momente des Aufbruchs gibt es immer wieder im Leben – die Geburt ist nur der allererste. Der Anfang eines jeden Aufbruchs gewissermaßen, weil sie der Aufbruch ins Leben überhaupt ist. Es folgen viele weitere: Kindergartenkind zu werden und dabei von der Eichhörnchen- in die Hasengruppe zu wechseln, mit einer bunten Schultüte in die Schule zu kommen, das erste Mal alleine mit dem Zug zu fahren oder irgendwo anders zu übernachten. Ein Umzug oder überhaupt der Auszug aus dem Elternhaus, der Einzug in die erste gemeinsame Wohnung oder ein neu gebautes Haus, eine neue Beziehung, ein anderer Job ... Auf eigentümliche Weise mischt sich in jeden Aufbruch ein Abschied. Man verlässt alte Ufer, bevor man sich zu neuen aufmacht. Da ist irgendwie immer beides zugleich da: aufgeregte Freude über das, was am anderen Ufer auf einen wartet, und Traurigkeit über das, was man zurücklässt.

Die Momente des Aufbruchs haben oft eine ganz besondere Energieladung: Da ist einerseits Mut, Abenteuerlust und eine kribbelige Aufregung. Aber auch eine riesige Portion Unsicherheit: »Wie wird es werden? Kann ich das überhaupt?« Oder eine Prise Verlustangst: »Warum gebe ich eigentlich all das auf, bin ich verrückt?« Im Aufbruch überwiegt jedoch eine starke innere, treibende Kraft, die sich von den Ängsten und Unsicherheiten nicht zurückhalten oder einschüchtern lässt. Nicht von ungefähr hat der Poet Hermann Hesse deswegen von einem »Zauber« gesprochen, der »jedem Anfang innewohnt« und uns davor beschützt, dass die Ängste zu groß werden und uns einfrieren, unser Leben zum Stillleben mutiert.

Wir alle sehnen uns nach guten Anfängen. Oder nach einem Anfang, in dem alles gut ist. Deswegen haben Menschen Rituale um diese Anfänge herum ersonnen. Im Kern sind diese Rituale religiös und bekennen: Wir wissen, dass wir bei unseren Anfängen im Leben nicht alles selbst in der Hand haben. Wir brauchen Schutz und Kraft von »anderwärts her«.

Ein Beispiel für die große Sehnsucht nach einem guten Anfang ist die Taufe eines Kindes. Man kann sich ja fragen, warum man überhaupt Kinder tauft. Die wissen doch noch gar nicht, was da mit ihnen geschieht. Die können doch noch gar nicht entscheiden, ob sie das überhaupt wollen: getauft werden ... Im Prinzip ist die Taufe also nicht nur ein Ritual für ein Kind, sondern vor allem ein Ritual für die Eltern. Hinter ihrem Wunsch stehen oft eine große staunende Dankbarkeit über das geschenkte Leben und der Wunsch, dass es gut werden möge mit diesem Kind – so gut wie nur irgend möglich. Und so gesehen ist die Kindertaufe dann eine ganz rationale Entscheidung, denn: Stell dir vor, du kämest mit deiner Geburt in eine Welt, in der Gutes und Böses, Leben und Tod, Schönheit und Schrecken nebeneinander existieren. Stell dir vor, dass zumindest die Möglichkeit besteht, dass es irgendwo in, mit und über dieser Welt so etwas wie einen Gott gibt. Was würdest du dann tun? Ich würde mich sicherheitshalber von Anfang an und gemeinsam mit anderen mit diesem Gott – der Kraft zum Guten, dem Überwinder des Todes, der Chance auf einen Neuanfang, dem Beistand in der Not – verbinden wollen. Das ist es, was die Taufe im Kern meint.

Es geht also um den Aufbruch mit der richtigen Kraft im Rücken. Der Kraft der Liebe, die diese Welt verändern kann. Das Neue Testament hat genau dieses Bild zum Leitbild für Gott gemacht: »Gott ist die Liebe; und wer in der Liebe bleibt, der bleibt in Gott und Gott in ihm.« (1. Johannes 4,16b) Die Taufe ist damit so etwas wie eine Liebeserklärung Gottes. Sie sagt einmal unmissverständlich vor der ganzen Welt: »Du bist mein geliebtes Kind – und ich liebe dein lautes Lachen genauso wie deine wilden Sommersprossen. Deine Unsicherheit, die dich so weich macht und so zugänglich für andere, genauso wie deine heilige Wut über jede Ungerechtigkeit.« Von Gott aus gilt die Liebe wahrscheinlich auch ohne die Taufe – aber wie bei jeder anderen Liebeserklärung auch macht es doch einen großen Unterschied, ob sie ausgesprochen und gehört wird oder eben nicht. Der Ort, wo sie dir zugesprochen wird, ist dabei eigentlich egal. Gottes Liebeserklärung kann an jedem Herzensort laut werden – keineswegs nur in kühlen Kirchen auf harten Bänken. Davon handelt Erzählung 1 »Taufe nicht nach Schema F«.

Diese Kraft der Liebe duldet keine Unterschiede: Mit der Taufe gehören *alle* Menschen zu einer Familie Gottes, egal welche Hautfarbe sie haben, wie viel Geld sie auf dem Konto ansammeln, wie intelligent sie sind oder welches Geschlecht sie haben.

Das könnte man mit Fug und Recht als eine christliche Revolution bezeichnen. Eine Liebesrevolution aus Freiheit, Gleichheit und Geschwisterlichkeit. Es ist der Traum von einer anderen Weltordnung, die in der Taufe aufblitzt. Getaufte sind dann kleine Revolutionäre, die daran glauben, dass Grenzen überwindbar sind und dass Hoffnungslosigkeit und Zerstörung nicht das letzte Wort haben. Das klingt pathetisch – und das ist es auch. Als Kind weiß man das alles natürlich noch nicht. Die Eltern und vor allem die Pat:innen sollen einem von diesem revolutionären Gedanken Jesu erzählen und gleichzeitig die große Gottesfamilie im Kleinen spürbar machen: Du hast nicht nur Eltern und Großeltern, sondern auch andere Wahlverwandte über deine kleine Familie hinaus. Du bist nicht allein. Du hast Anknüpfungspunkte und Herbergen auf der ganzen Welt. In Chile genauso wie in Norwegen.

Daran zu glauben, diese Kraft der Taufe für den Aufbruch ins Leben mitzunehmen, um es zu gestalten, das alles spiegelt sich in diesem Ritual. Gleichzeitig liegt in ihm ein schmerzliches Wissen – denn mit dem Aufbruch in dieses Leben ist schon vorweggenommen, dass es irgendwann zu Ende gehen wird. Für jeden von uns. Das ist natürlich eine Zumutung, an die bei der Taufe noch niemand denken will. Und trotzdem finden Meike und ich es tröstlich, den ultimativsten aller Abschiede auch als Aufbruch zu sehen – anderswohin nämlich. Davon handelt Erzählung 2 »Ein ander' Welt«. Und da ploppt das Thema »Glauben« in seiner ganzen Tiefe auf: Dass nach diesem Leben etwas auf uns wartet, das ist eine Aussage des Glaubens. Wissen tun wir darüber nichts. Wir haben lediglich Anhaltspunkte. Für Meike und mich ist Glauben genauso wichtig wie Wissen. Weil Glauben aus unserer Sicht helfen kann, die Reise des Lebens zu bewältigen. Und davon werden alle unsere Erzählungen immer wieder handeln.

Manche Menschen lassen sich auch taufen, wenn sie viel älter sind. Davon handelt unsere Geschichte »Taufe ohne viel Tamtam« in Erzählung 3. Und dabei kann man sehen, dass die Taufe im Grunde wie eine Art Kaleidoskop ist – je nachdem, aus welcher Perspektive man auf sie schaut, setzt sich die Bedeutung für jeden persönlich etwas anders zusammen. Es gibt nicht »die« Taufe, sondern was Taufe alles bedeuten kann, das erzählt sich sich durch einzelne Lebensgeschichten immer wieder neu. Für Erwachsene war sie seit der Zeit Jesu vor allem ein Neuanfang mitten im Leben – eine Art zweite Chance, um noch einmal etwas anders zu machen: sich mit anderen Menschen zu umgeben, sich auf einen anderen (Werte-)Boden zu stellen, mit alten Geschichten endlich abzuschließen – dabei spielt auch das Thema »Vergebung« eine große Rolle. Zum Beispiel bei Taufen im Gefängnis oder in der Zeit beim Militär. Auch dafür braucht es ein Ritual – sang- und klanglos kriegt man eine Wende im Leben selbst oft nicht hin.

Die Kraft der Liebe muss man sich immer wieder vergegenwärtigen, ihr Raum geben. So ist es mit der Taufe auch. Die Taufe ist kein Hokuspokus. Sondern eine Liebeserklärung, die man sich immer wieder in Erinnerung rufen muss, damit man sie nicht wieder vergisst, damit sie sich ins eigene Herz einschreibt. Der Apostel Paulus hat sich das auch gesagt, immer wieder: »Nichts kann uns von der Liebe Gottes trennen – nicht der Tod und auch nicht das Leben, [...] nichts Gegenwärtiges und nichts Zukünftiges und auch keine andere gottfeindliche Kraft.« (Römer 8,38) Auch Martin Luther hat sich den Satz »Ich bin getauft« immer wieder auf einen kleinen Zettel geschrieben, manchmal sogar mit Kreide ganz groß auf den Tisch. Weil ihm das Kraft gegeben hat – gerade in seinen schwersten Stunden. Für ihn war das wie eine regelmäßige innere Meditation dieser Liebeserklärung Gottes. Sie gilt auch dann, wenn man selbst nicht mehr daran glaubt, und sie gilt bis »an der Welt Ende« (Matthäus 28,20).

Auch Schiffe werden unserem Sprachgebrauch nach »getauft«. Das ist dann weniger *Gottes* Liebeserklärung an das Schiff, als vielmehr eine menschliche Achtungs- und Liebeserklärung gegenüber der Arbeit, die in diesem Schiff steckt. Und für viele, die daran gearbeitet haben, ist es dann doch wie ein eigenes Baby. Davon handelt Erzählung 4 »Eine Handbreit Wasser unterm Kiel«. Das ist im Grunde ganz ähnlich wie bei einem neuen Haus: Wir sagen zwar nicht »Haustaufe«, sondern feiern »Richtfest«, aber im Grunde passiert Ähnliches. Wir tun uns zusammen und feiern den Moment des Aufbruchs. Davon berichten wir in Erzählung 5 »Alles auf Anfang«. Große Einweihungszeremonien, festliche Grundsteinlegungen, traditionelle Richtfeste, feierliche Inbetriebnahmen – es gibt viele solcher Rituale, die sich um bedeutende Gegenstände oder Gebäude drehen und die nicht wegzudenken sind aus unserer – wirtschaftlichen und auch politischen – Gesellschaft. Bei allen diesen Ritualen wird jedoch auch der religiöse Kern deutlich: Wir haben das Gelingen nicht allein in der Hand. Leben ist so komplex und von so vielen Faktoren abhängig. Wir können zwar unser Bestes geben, dazu beizutragen, dass etwas gut geht – aber wir können es nicht garantieren. Da tut jeder Schutz gut, den man kriegen kann. In diesem Zusammenhang ist es auch ziemlich interessant, dass Jesus und Paulus ausgerechnet Handwerker waren – Jesus übte, wie sein Vater Josef, den Beruf des Zimmermanns aus, und Paulus war Zeltstoffweber. Ihnen war der Zusammenhang zwischen dem eigenen Gelingen, der Dankbarkeit dafür und dem Schutz dieses Gelungenen besonders nah. Uns ist er an vielen Stellen verloren gegangen. Die alten Rituale erinnern uns daran, dass nichts selbstverständlich ist im Leben.

Die Sehnsucht nach einem guten Anfang begleitet uns in jeder Gemeinschaft – auch in der Familie. Auch dort braucht es so etwas wie ein »Onboarding«, wenn jemand neu dazukommt. Davon handelt Erzählung 6 »Tanz im Mobile«. In diesem Moment gerät das fein austarierte Mobile der Familie nämlich erst mal mächtig durcheinander. Um das Gleichgewicht wiederzufinden, können Rituale helfen. Weil sie einen davon entlasten, jeden Tag wieder mühsam eine neue Struktur herstellen, alles immer wieder neu erfinden zu müssen. Sie sind dann für alle Familienmitglieder so etwas wie kleine Inseln oder Raststätten im Chaos des Alltags, auf denen man sich ausruhen kann. Manchmal nur für ein paar Minuten. Aber die sind ziemlich kostbar. Das kann die Mittagspause sein oder die Teestunde, das Tischgebet, das Sandmännchen oder die Gute-Nacht-Geschichte. All diese Rituale strukturieren Zeit in kleine Abschnitte. Daran kann man sich festhalten, das gibt Orientierung. Und die brauchen wir auf der Reise des Lebens im Kleinen wie im Großen, für uns selbst genauso wie für unsere Gemeinschaft und unsere Gesellschaft. »Orientierung« ist übrigens auch wieder so ein christlich geprägtes Wort und meint ursprünglich die Ausrichtung nach Osten zum Sonnenaufgang – dem Symbol der Auferstehung – also der Himmelsrichtung, aus der Licht und Leben kommen.

Erzählung 1
Taufe nicht nach Schema F. Individualität trifft Ritual

Meike Barnahl

Vergangenen Herbst war ich mit einer großen Schar Freund:innen unterwegs auf Amrum. Wir wanderten am Strand gen Süden, die Sonne schien uns ins Gesicht, hin und wieder wehte der Wind norddeutsch, aber es war ein außergewöhnlich warmer Oktobertag. Unsere Gruppe bestand aus drei Generationen, die ganz Kleinen schliefen in der Trage vorm Bauch der Mütter oder Väter oder in der Karre, die etwas Älteren stapften mit ihren Füßen durch den Wellensaum, und einige der Erwachsenen zogen sich bald aus, um ein erfrischendes Bad in der herbstlich spritzigen Nordsee zu nehmen.

Inmitten dieser Unbeschwertheit, der allgemeinen Gelöstheit kam plötzlich der Gedanke auf, dass dies doch der perfekte Moment für die Taufe wäre. Denn eines der wenige Monate alten Babys war noch nicht getauft, die Überlegungen dazu standen aber im Raum. Die Website taufspruch.de funktioniert auch draußen am Strand. Ein Taufspruch war schnell gefunden. Was also hindert's, hier zu taufen? In Wind und Wellen, am Wassersaum mit den Füßen im Sand! Dieser Ort war perfekt! Aber: Es fehlten wichtige Menschen, die bei diesem besonderen Moment einfach nicht fehlen durften. Trotz der Magie des Augenblicks haben wir den spontanen Taufgedanken dann doch nicht in die Tat umgesetzt.

Als mein Mann und ich vor gut zehn Jahren unsere beiden Kinder taufen ließen, haben wir nicht wirklich über den Ort oder die Form des Taufgottesdienstes nachgedacht. Für uns war klar, dass wir beide Taufen in unserer kleinen Dorfkirche auf dem Berg südlich von Hamburg feiern möchten. Ehrlich gesagt wäre ich damals auch überhaupt nicht auf die Idee gekommen, dass wir an einem anderen Ort außerhalb eines Kirchgebäudes taufen könnten. Taufe in der Kirche, das war einfach das Normale. Für mich jedenfalls.

Und für viele andere Menschen auch. Viele denken auch heute noch: Es geht gar nicht anders. Schließlich ist die Form, die wir landauf und landab in unseren Kirchen feiern, doch seit Jahrhunderten Tradition. Doch das stimmt so nicht. Auf der ganzen Welt gibt es unzählige Traditionen rund um die Taufe, und über die Jahrhunderte haben sich auch hierzulande verschiedene Formen entwickelt: Haustaufen und Taufen in der Kirche, Taufen von Erwachsenen und Babys, eigene Taufgottesdienste oder das Ritual als Teil des Sonntagsgottesdienstes, Taufen in der Osternacht oder beim Konfi-Camp im Ostseewasser.

Die Zeit ist vorbei, in der alles selbstverständlich ist: der Ort, die Art, wie das Fest aussehen soll und was alles dazugehört, die Musik und nicht zuletzt die Taufe überhaupt. Das bedauern manche Menschen. Denn das, was einfach gesetzt ist, entlastet ja auch. Gibt Sicherheit und Halt. Tradition eben, in die wir uns auch hineinfallen lassen können. An die wir uns anlehnen können und die uns manche Entscheidung abnimmt.

Nur: Wenn wir das Gefühl haben oder die Erfahrung machen, dass Rituale nichts mehr mit uns zu tun haben, dann können sie uns diesen Halt auch nicht mehr geben. Dann fühlen sie sich unangenehm fremd an, ihre Symbole werden zu leeren, unnützen Hüllen, die in Vergessenheit geraten.

Manchmal bleibt noch eine unbestimmte Sehnsucht. Manchmal ist aber auch der Taufwunsch selbst ganz klar, aber das ganze Drumherum passt nicht in unser Leben – oder wir passen nicht hinein.

Früher habe auch ich die Taufe eher vom Ritual her gedacht. Ich habe den alten Rahmen in seinen einzelnen Elementen zwar so individuell wie möglich gefüllt, aber es blieb trotzdem der alte Rahmen: vertraut, erprobt und sicher, fast ein bisschen »Standard«. Auch für mich sicheres Terrain. Seit ich mit Emilia und *st. moment* unterwegs bin, merke ich, dass sich das verändert. Die Perspektive verschiebt sich. Denn das, was für mich vertraut ist, ist es für andere eben gerade nicht. Ziemlich fremd fühlt es sich sogar manchmal an, und natürlich bewegen wir uns unsicher, abwartend, manchmal auch abweisend, wenn wir auf einem Terrain unterwegs sind, das uns so gar nicht vertraut ist. Darum stelle ich mittlerweile zuerst viele Fragen, wenn ich mit Menschen spreche und höre ganz genau hin: Was ist euch wichtig? Welche Gefühle und Gedanken und Zweifel gehen dir durch den Kopf? An welchem Ort schlägt euer Herz? Was ist der Soundtrack deines Lebens, also welche Musik macht dich glücklich, weckt Resonanz in dir? Im *st. moment*-Team lieben wir die Freiheit, uns auf eine Entdeckungsreise mit den Menschen zu machen, die sich von unseren Angeboten anregen lassen oder die sich an uns wenden – in der Hoffnung, mit uns zu finden, was sie bisher vergeblich gesucht haben. Wir gehen aus von den Menschen, die mit ihrer Sehnsucht im Gepäck bei uns angekommen sind. Und dann tasten wir uns miteinander vor und entdecken gemeinsam, was möglich ist, was trägt und was für diesen ganz persönlichen *st. moment* passt: Dein Leben, dein Moment! Und wir sind sicher: Gott ist dabei. Und ebenso aus dem Häuschen, wie wir es sind.

Taufen, das wissen wir mittlerweile, können also so unterschiedlich aussehen wie die Menschen, die sie feiern wollen. Wir haben schon viele ganz unterschiedliche, gemeinsam kreativ gestaltete, wunderschöne Taufen feiern können. Eines Tages bekam ich zum Beispiel einen Anruf. Ein Mann erzählte mir, dass er und seine Frau die Taufe ihres Kindes feiern wollten. »Aber«, sagte er, »wir haben da einen besonderen Wunsch. Und wir wissen nicht, ob das überhaupt möglich ist.« Ich war neugierig. Er beschrieb ihren Garten, einen Schrebergarten in Hamburg. Er malte aus, wie die Kinder dort spielten, erzählte, wie wichtig der Garten für sie als Familie geworden ist, vor allem seit der Pandemie. Er endete mit dem Satz: »Eine Taufe unterm Kirschbaum, das wäre doch wunderbar.« Ich stimmte ihm zu. Das hörte sich auch in meinen Ohren wirklich wunderbar an. Er war aber noch nicht fertig. Ich weiß nicht, ob er im Vorfeld befürchtet hatte, dass ich direkt Gegenargumente bringen würde oder ihn doch wieder in etwas reinreden wollen würde. Jedenfalls hatte er neben dem schönen Bild vom Garten und der romantischen Idee einer Tauffeier unterm Kirschbaum noch viele weitere Argumente bereit. Er beschrieb mir, dass für ihre Freund:innen Glaube und die Taufe eher fremd seien, sie diesen wichtigen Moment aber unbedingt mit den Freund:innen gemeinsam feiern und teilen wollen. Um sie nicht zu vereinnahmen und ihnen die Freiheit zu lassen, für sich selbst Nähe und Distanz zu der religiösen Feier bestimmen zu können, wollten sie die Taufe eben nicht in einer Kirche feiern.

Ich war sehr beeindruckt, wie umfassend sich dieses Paar Gedanken gemacht hatte und wie klug und sensibel es im Vorhinein reflektiert hatte, was für es selbst und die Menschen, die wichtig sind, passte. Denn ganz genau darum geht es mir und uns bei *st. moment*, aber auch so vielen anderen Pastor:innen landauf und landab! Freiheit und Halt schließen sich nicht aus. Ein altes Ritual und eine persönliche Gestaltung gehen Hand in Hand, und die Menschen wissen und fühlen oft selbst am besten, wie es für sie gut ist. Es ist unsere Aufgabe, sie zu ermutigen und ihnen die Freiheit aufzuzeigen. Manchmal müssen wir einfach nur zuhören und dürfen dann mit ihnen feiern und unsere Worte in ihr Leben sprechen. Fabio, unser Taufpastor bei *st. moment*, hat eine Weile später mit dieser Familie die Taufe unterm Kirschbaum gefeiert. Die Kinder konnten spielen und toben, es gab Kaffee und Kuchen, und irgendwann war der richtige Zeitpunkt für die Taufe gekommen. Die Freund:innen konnten sich frei bewegen, konnten selbst entscheiden, wie nah sie am Geschehen dran sein wollen. Und so konnten sie sich auf diesen heiligen Moment einlassen, der schließlich alle sehr bewegt hat.

In einer anderen Feier hat Angelika aus unserem *st. moment*-Team den kleinen Sohn eines waschechten St.-Pauli-Fans auf dem Platz vorm Stadion am Millerntor getauft. Einfach so, mitten zwischen den Leuten, die dort vorbeigehen. Dort am St.-Pauli-Stein haben sich am Sonntagmorgen alle versammelt, auch ein Gitarrist und eine Sängerin aus der Familie waren dabei. Die Taufschale hat die Familie von zu Hause mitgebracht. Sie fand ihren Platz unten auf dem Sockel des Steins. Das Wasser war in einfachen Mineralwasserflaschen abgefüllt, und der Moment war trotz – oder gerade wegen seiner Schlichtheit – magisch. Als Angelika danach dem Vater die Taufurkunde überreichte, kamen ihm die Tränen. Schwarz auf weiß stand da der für ihn so bedeutsame Ort: »... getauft am 12.06.2022 am St.-Pauli-Stein in Hamburg St. Pauli.«

Manchmal braucht die Taufe aber auch einen ganz intimen Rahmen, zum Beispiel den Schutzraum einer leeren Kirche. So wie bei Mika. Als nonbinäre Person hatte Mika jahrelang das Gefühl, nicht in diese Kirche hineinzupassen und willkommen zu sein. Trotzdem spürte Mika diese Sehnsucht in sich, die Sehnsucht nach einem guten Anfang – danach, begleitet zu werden, behütet zu sein und dazuzugehören … Gleichzeitig war die Vorstellung, sich vor einer Menge von unbekannten Menschen in einem öffentlichen Gottesdienst taufen zu lassen, undenkbar. Zur Taufe an einem ganz normalen Mittag mitten in der Woche kamen nur die drei Mitbewohner:innen der WG mit. »Ich gehöre endlich dazu, und ich passe hinein. Ganz genau so, wie ich bin«, beschreibt Mika später die Erfahrung dieses heiligen Momentes. Der passende Rahmen kann wirklich ganz unterschiedlich aussehen. So individuell, wie wir Menschen eben sind mit unseren unterschiedlichen Geschichten und Persönlichkeiten und Bedürfnissen.

Wir bei *st. moment* sind der Meinung, dass es ein Vorurteil ist, dass Menschen sich immer weiter von Glaubensinhalten entfernen. Denn wir bemerken das genaue Gegenteil: Wir erleben auf diesem gemeinsamen Weg mit den Menschen hautnah mit, wie intensiv sie sich mit dem Ritual, seinem Inhalt und den Symbolen auseinandersetzen. Liebevoll werden die Altäre in den Gärten oder am Strand gestaltet. Alles ist genau bedacht. Sorgsam wird die Taufschale ausgewählt. Manchmal ist sie eine kostbare Schale, die im Anschluss an die Taufe einen ganz besonderen Ehrenplatz bekommt. Manchmal wird bewusst eine ausgewählt, die mitten aus dem Alltag kommt. Und die später wieder in den Alltag zurückkehrt und etwas vom heiligen Moment dort hineinträgt. Genauso bewegend oder besonders ist es aber auch ganz ohne Taufschale, sondern einfach nur direkt im Wasser. Wo es nicht viel mehr braucht als die Menschen, die da sind, und Gott und den Moment, in dem Himmel und Erde sich berühren.

Die Taufe, die dann doch nicht spontan am Amrumer Strand geschehen ist, haben wir später im Jahr, im Dezember, am Hamburger Elbstrand gefeiert. Diesmal waren all die Menschen dabei, die wichtig waren für die Familie. Ein Pate traute sich mit dem kleinen Täufling auf dem Arm barfuß ins eisige Elbwasser. Auch ich wagte mich hinein – tat es aber unheimlich gern! Ein anderer Pate las für uns alle die Geschichte vor, wie Jesus Kinder in den Arm nimmt und sie segnet. Später dann im Bürgerhaus, bei wärmendem Kaffee und leckerem Kuchen, hat eine weitere Patin die Taufkerze entzündet, während die vierte Patin im Bunde das kleine Kind auf dem Arm hielt. Dabei sangen wir: »Alles leuchtet nur für dich, alles leuchtet, alles strahlt in hellem Licht« von Joy Denalane. Alle Pat:innen haben eine kleine Aufgabe im Ritual übernommen und sind damit in ihre neue Rolle als Lebensbegleiter:innen für den Täufling eingetreten. Sie haben durch diesen Schritt auch eine neue Rolle in der Familie bekommen, die sie auf ihre je eigene Weise ausfüllen werden. Dieser Schritt hätte gefehlt, wenn wir auf Amrum getauft hätten. Hier für diese individuelle Lebensgeschichte und Konstellation in der Familie und unter den Freund:innen war er wichtig. In einer anderen Lebensgeschichte und Situation vielleicht nicht.

Das Ritual ist eben nicht das, was wir immer schon so gemacht haben. Es verbindet uns über die Jahrhunderte hinweg, weil wir es begehen. Denn wir erfinden nicht jedes Mal etwas vollkommen Neues, sondern weben uns neu ein in die Tradition. Seit

Johannes der Täufer die Menschen im Fluss getauft hat, auch Jesus, sollten alle erfahren: Gott ist hier, mitten unter uns! So ist jede Taufe beides gleichzeitig: Teil der Tradition und absolut einzigartig und individuell. Gottes große Liebeserklärung, hörbar, sichtbar und spürbar, einzig und allein für dich. Denn wenn es stimmt, dass Gott jede und jeden von uns einzigartig und wunderbar gemacht hat – wieso sollte dann nicht auch seine Liebeserklärung an jede und jeden von uns einzigartig und wunderbar sein?

Erzählung 2
Ein ander' Welt. Taufe angesichts des Todes

Emilia Handke

Es ist Nacht im Universitätsklinikum (UKE) in Hamburg-Eppendorf. Wir schreiben das Jahr 1975. Draußen ist es dunkel, drinnen aber ist es hell – auf der Neugeborenen-Intensivstation brennt immer Licht, hier macht niemand einfach so Feierabend. Statt Radio hört die junge Kinderkrankenschwester die unaufhörliche Melodie von Summen und Piepen. Das Summen kommt von den Inkubatoren, in denen Frühchen oder Kinder mit Herzfehlern liegen. Und das Piepen ertönt, wenn Temperatur oder Sauerstoff im Sinkflug sind oder die Herzfrequenz unregelmäßig wird. Wer hier liegt, dessen Existenz hängt am seidenen Faden, der Leben und Tod hauchzart miteinander verbindet.

In dieser Nacht ist Elisabeth ganz allein auf der Station. Und in ihrer Obhut liegt neben vielen anderen ein kleines Mädchen von vielleicht 2.000 Gramm, dessen Zustand sich von Minute zu Minute rapide verschlechtert – einfach so. Man beginnt dann wie wild zu messen: den Sauerstoff, die Temperatur, die Herzfrequenz ... Aber schneller als jede Deutung der Werte ist das Zeichen der Gesichtsfarbe, die bei diesem Mädchen immer grauer wird. Also piept Elisabeth den Arzt an, der über den Flur zu ihr hinübereilt, aber am Ende nur murmelt: »Wir können nichts mehr für die Kleine tun.«

Draußen herrscht dunkle Stille, und drinnen summt das Krankenhaus sein Lied. Mutter und Vater des Mädchens sind weit weg in ihrer Wohnung irgendwo in dieser Metropole der Nacht. Aber selbst wenn sie vor Ort gewesen wären: Eltern durften damals allenfalls ab und an durch eine Scheibe in die Station hineingucken. Das waren noch andere Zeiten. Für Elisabeth fühlt sich diese Nacht an, als sei das Kind von Gott und der Welt verlassen. Und plötzlich weiß sie, was sie jetzt tun muss. Sie hat sowas noch nie gemacht. Aber sie erinnert sich, dass Schwester Margret in der Ethik-Stunde der Schwesternschule einmal gesagt hat: »Wenn es eine Notsituation ist und wenn man es für angemessen hält, dann kann man in solchen Situationen eine Nottaufe durchführen.«

Elisabeth kennt die Worte, die man ihr als Zwölfjährige zugesagt hat, als man ihr mit Wasser über den Kopf strich. Sie sind das, was jetzt *da* ist: Worte, um eine Verbindung zu schaffen zu Gott, um einen Schutz für dieses Kind zu erbitten, damit es nicht mehr so mutterseelenallein ist, sondern in eine Gemeinschaft kommen kann. Elisabeth öffnet die Flügel des Inkubators und nimmt ein wenig von dem Kürbiskernöl in die Hand, mit dem sie den Säuglingen manchmal den Bauch oder die kleinen Füße einreibt. Langsam streicht sie mit diesem Öl durch das kleine fahle Gesicht. Sie zeichnet ein Kreuz von der Stirn über Nase, Mund und Kinn bis hin zur Brust und von Schulter zu Schulter: »Ich taufe dich im Namen des Vaters und des Sohnes und des Heiligen Geistes!« Diesen Satz hatte sie damals aufgesogen bei ihrer eigenen Taufe. Der ist jetzt da, der leitet sie jetzt. Sie faltet die Hände und spricht dazu in das Summen und Piepen und Schweigen der Nacht ein Vaterunser. Im Laufe der nächsten Stunde ist das Kind tot. Sie nimmt es vorsichtig raus aus dem Inkubator, wäscht den kleinen Körper, zieht ihn noch einmal an und wickelt das Kind in ein Tuch ein. Früh am Morgen wird es vom Bestatter abgeholt.

Als Elisabeth den Eltern am nächsten Morgen sagt, dass sie das Kind in der Nacht noch getauft hat, reagieren sie so gut wie gar nicht. Allenfalls ein paar erstaunte Blicke. Vor allem aber Schweigen. Es ging jedoch in dieser Situation nicht um die Eltern. Es ging um dieses Kind, das nur so kurz Gast auf Erden war. Und seine letzten Minuten in einem hoch technisierten Raum verbracht hat. Grelles Licht, kalte Atmosphäre. Es lag nicht bei seiner Mutter im Arm, sondern in einem Inkubator. Und Elisabeth versuchte in diesem Moment des Unausweichlichen, irgendetwas Liebevolles und Beschützendes zu tun.

Als ich sie viele Jahre später fragte, wie sie sich dabei gefühlt habe, zögert sie lange. Sagt dann ruhig: »Es fühlte sich richtig an. Ich glaube, ich habe etwas Gutes getan. Da war jemand, der ganz allein einen Weg gehen musste. Das Alter spielt dabei im Grunde keine Rolle. Wer an diesem Tag bei ihm war, war damals dem bloßen Zufall überlassen. Ich glaube, für mich war es so etwas wie ein heiliger Moment. Ich hatte es nicht vor, es ergab sich aus der Situation. Ich fühlte mich geführt.«

Vielleicht konnte sie es tun, weil sie in dieser Nacht ganz allein war. Weil niemand daran Anstoß nehmen konnte. Schließlich sei es schon eine große Sache, die man da tue. »Du veränderst ja sozusagen das Leben des Kindes, indem du es in eine Gemeinschaft bringst. Das ist für mich Taufe.«

Im Nachhinein fragt sie sich manchmal, ob sie das überhaupt tun durfte. Sie empfand es mitunter wie eine innere Anmaßung.

Darum hat sie später nachgelesen: Ja, das darf man tun. Auch wenn man keine Pastorin, kein Priester ist. »Es ist, als wenn du jemandem die Hand hältst und sagst: Du bist nicht allein. Ich habe versucht, die Verbindung, die ich zu Gott habe, weiterzugeben.«

Elisabeth hat niemandem, außer den Eltern des Kindes und mir, je davon erzählt. Nicht mal ihrem eigenen Mann. Es war so eine Dreiheit zwischen ihr und dem Kind und der geistigen Welt.

Über 47 Jahre später suche ich das Universitätsklinikum in Hamburg-Eppendorf noch einmal auf. Es ist früher Dezember, Raureif hat sich über die Pflanzen auf dem kleinen Weg durch den Eppendorfer Park zum Haupteingang gelegt. Ich treffe Hildegard, die hier im UKE seit fast zehn Jahren als Krankenhausseelsorgerin arbeitet. Etwa 25 Nottaufen machen sie und das Team der Krankenhausseelsorge jährlich. Es kommt regelmäßig vor, weil hier viele Kinder behandelt werden, für die man anderswo nichts mehr hätte tun können. Sie fragen die Eltern: »Möchten Sie, dass Ihr Kind noch getauft wird?« Wenn die Eltern diese Frage verneinen, stellen sie noch eine andere Frage: »Möchten Sie dann ein Segenswort haben für Ihr Kind, in *ein ander' Welt?*« Im Grunde ähnlich, aber vielleicht doch leichter für Menschen, die keinen Zugang zum christlichen Glauben haben. Zu dieser Frage können mehr Menschen »Ja« sagen als zur Taufe. Etwa 45 Mal pro Jahr kommt das hier vor. Offiziell nennen sie es »Namensgebung«, für lebende und für bereits verstorbene Kinder. »Gott spricht: Ich habe dich bei deinem Namen gerufen, du bist mein.« Mit diesem Bibelwort aus dem Buch des Propheten Jesaja segnen sie das Kind.

Auch in einem weltlichen Krankenhaus wie dem UKE gehört die Frage nach einer Nottaufe weiterhin zur Pflichtschulung dazu, durch die alle Ärzt:innen, Hebammen und Pfleger:innen in der Ausbildungsklinik in Hamburg-Eppendorf durchmüssen. Alle paar Jahre bekommt die Krankenhausseelsorge darin ungefähr 20 Minuten, in denen sie das Personal dazu ermutigt, diese Frage trotz einer absoluten Stresssituation zu stellen. Mehr noch: Alle Christ:innen werden ausdrücklich ermutigt, von dieser Möglichkeit einer Nottaufe Gebrauch zu machen. Denn – wie Elisabeth – haben viele Menschen Angst davor, ob sie das überhaupt »dürfen«. Je mehr Menschen aber davon wissen, desto größer ist die Chance, dass *einer* von allen im Team in dieser besonderen Situation daran denkt.

Der Tod von Kindern kommt im Krankenhaus in Wellen. Wenn ein Kind stirbt, sterben in der Regel zwei weitere nach, sagt Hildegard. Das sei ganz merkwürdig, aber genauso sei es. Vielleicht, weil sie in *ein ander' Welt* nicht alleine sein wollen? Wer weiß das schon. Es gibt Dinge zwischen Himmel und Erde, von denen wir allenfalls einen blassen Schimmer haben.

Heute ist kein Kind bei seinem Tod auf der Intensivstation mehr allein. Auch in heikelsten Corona-Zeiten wurden hier angesichts des Todes, der plötzlich Raum greift, Regeln gebrochen, damit Menschen aus der engeren Familie ihr Kind verabschieden können. Selbst in dramatischen Situationen, wenn es ganz plötzlich nur noch ein kleines Zeitfenster gibt. In solchen Situationen bleibt auch nicht viel Zeit für eine Nottaufe. So ist es auch, wenn man ahnt, dass ein Kind schon bei seiner Geburt sterben wird. Wenn es gewünscht ist, dann kommt Hildegard dazu. Bevor sie aber tauft, wird das Kind seiner Mutter noch einmal gezeigt. Dann streicht sie mit ihrem Finger ein Kreuz auf die winzige, runzlige Stirn und spricht dazu die uralten, heiligen Worte: »Ich taufe dich im Namen des Vaters und des Sohnes und des Heiligen Geistes!« Damit wird das Kind Gott überantwortet – die Verbindung zwischen hier und ein ander' Welt, zwischen Erde und Himmel, wird eröffnet. So sagt es mir Hildegard. Es wird alles dafür getan, dass die Mutter das sieht – denn das wird sie in Erinnerung behalten. Und es wird ihr das Leben leichter werden lassen – auch wenn sie das in ihrem jetzigen Schmerz nicht fühlen kann.

Wenn etwas mehr Zeit ist, dann stellt Hildegard oder jemand anders aus dem Team immer einen kleinen Tauftisch auf – einen sterilen Teewagen aus Metall, über den dann ein kleines rosa Bettlaken gelegt wird. Auf diesen Altar stellt sie eine LED-Kerze, die Taufschale, die Taufkerze und ein kleines Kreuzlein aus Glas, manchmal noch eine Kunstblume – echte Blumen sind nicht steril. Und einen Bronzeengel, den stellt sie auch immer dazu. Er kann mitgenommen werden, und Hildegard hat in ihren mittlerweile 20 Jahren in der Krankenhausseelsorge noch nie erlebt, dass er stehen geblieben ist.

Um eine Taufe angesichts des Todes bin ich selbst noch nicht gebeten worden. Und doch gibt es eine ähnliche Situation, an die ich dabei immer denken muss. Mit *st. moment* haben wir vergangenen September zu spontanen Taufen, Hochzeiten und anderen Segnungen auf einem Alsterschiff eingeladen. Von unserem »Ship called love« wird Meike in Erzählung 9 etwas mehr schreiben. Zu mir kam an jenem Abend eine Familie mit einem Mädchen von vielleicht 17 Jahren. Seine Taufe hatte es vor ein paar Jahren schon anderswo gefeiert. Die Mutter sagte mir bereits auf dem Steg, dass das Mädchen todkrank sei und sich einen Segen wünsche für die schwierige Zeit, die vor ihm liege. Ich schlucke. Inmitten der Lampions und der Fröhlichkeit und des Flammkuchens und der Konfetti dieses Mädchen. Witzig. Ruhig. Gefasst. Mit sehr aufmerksamen Augen, die mich genau in den Blick nehmen. Inmitten des Glücksregens auf der Alster ein Segen angesichts des Todes ...

Meike und ich fahren zusammen raus. Sie wird gleich ein Paar trauen, das bereits 31 Jahre standesamtlich verheiratet ist, heute jedoch noch einmal mit Gottes Segen heiraten will. Auf dem Alsterdampfer noch einige weitere, junge Leute, die verstohlene Küsse tauschen und einander zärtlich die Hand streicheln, bevor auch sie gesegnet werden. Ich sage Meike, dass sie lieber beginnen soll – andersherum würde es jetzt nicht passen. So haben wir vier – die Eltern, das Mädchen und ich – einen Moment länger Zeit, um schweigend beieinander zu sitzen und uns vorzubereiten. Als wir dann dran sind, sage ich einen Satz, nach dem ich lange gesucht habe, während wir zwischen den Lichtern der Stadt herumgeschippert sind und die anderen beiden von Meike getraut wurden: »Liebe ist die einzige Kraft zum Leben und zum Sterben.«

In diesem Moment ist das Schiff für mich leer. Es gibt keine Gäste, es gibt nur Gott, die drei und mich. Wie aus der Ferne höre ich das Lied, das sie sich für den heutigen Abend gewünscht haben, und während dieser Zeit murmele ich in Gedanken ein Gebet, von dem die anderen nichts mitbekommen: »Gott, ich alleine reiche dazu nicht aus. Du weißt das. Lass mich bitte jetzt zu deinem Gefäß werden, damit diese drei von deinem Segen wie durch einen warmen Mantel umhüllt werden und tragen können, was vor ihnen liegt.«

Viereinhalb Monate später ist das Mädchen gestorben. Auf meinem Fensterbrett zünde ich eine Kerze für es an. Die brennt lange, bis in die Nacht. Hildegard hatte im Krankenhaus immer von »ein ander' Welt« gesprochen, in die wir mit unserem Tod gehen. Dieser Ausdruck stammt aus einem Lied von Michael Ende. Darin heißt es:

»Es gibt einen See in der Anderwelt,
darin sind alle Tränen vereint,
die irgendjemand hätt' weinen sollen
und hat sie nicht geweint.

Es gibt ein Tal in der Anderwelt,
da geh'n die Gelächter um,
die irgendjemand hätt' lachen sollen
und hat sie nicht gelacht.

[…]

Und kommen wir einst in die Anderwelt,
viel Dunkles wird sonnenklar,
denn alles wartet dort auf uns,
was hier nicht möglich war.«[4]

Ich glaube, beide Mädchen warten dort auf uns.

Erzählung 3
Ohne viel Tamtam. Die Drop-In-Taufe

Meike Barnahl

Früh am Morgen bricht Jesper auf. An diesem besonderen Tag. Gut 200 Kilometer liegen vor ihm. Er kennt die Strecke gut. Wie viele hundert Mal ist er sie wohl schon gefahren in den 67 Jahren seines bisherigen Lebens? Aber heute ist alles anders, denkt er, als er den Wagen aus seinem Dorf lenkt. Richtung Osten. Auf nach Kopenhagen.

In der Kristkirken in Kopenhagens In-Viertel Vesterbro hat das Team um Mette Gramstrup schon alles vorbereitet. Der Kirchenraum ist geschmückt, die Positionen verteilt. Zwei stehen am Eingang. Sie begrüßen herzlich – wer auch immer es ist, der oder die hereinkommt. Manche treten schüchtern durch die Tür. Andere sind erwartungsfroh. So wie Jesper.

Genau weiß das Team nicht, was es erwartet. Es ist jedes Mal neu und anders. Dann legt Mettes Mann los, spielt die ersten Töne auf der Orgel. Die nächsten Stunden wird er Melodien in den Raum senden für ganz besondere Momente. Mette selbst steht am Taufbecken. Sie wird heute taufen. Wer auch immer spontan heute kommt, kann die Taufe empfangen. Ohne Voranmeldung. Einfach so.

Es war Mettes Idee. 2017 hat sie den Stein ins Rollen gebracht. Gehört hat sie davon aus Norwegen. Als sie es ihrem Bischof Peter Skov-Jacobsen erzählt, ist er entsetzt: »Eine Fast-Food-Taufe?! Wer weiß, wer da kommt. Das macht man doch nicht aus einer spontanen Laune heraus. Schließlich ist das ein Sakrament. Und was ist eigentlich mit dem Taufunterricht, der doch wohl der Taufe vorausgehen muss?«

Mette ist nicht der Typ, der sich beirren lässt. Beharrlich und temperamentvoll erklärt sie Bischof Peter ihre Gedanken dazu. Heißt es nicht beim Evangelisten Matthäus zuerst: »Geht und tauft«, und erst danach »lehrt sie«? (Matthäus 28,19b) Geht Gottes Gnade nicht voraus? Steht nicht über allem: »Du bist mein geliebtes Kind!«? Und überhaupt, hat der Kämmerer aus Äthiopien nicht einfach nur gesagt: »Siehe, da ist Wasser; was hindert's, dass ich mich taufen lasse?« (Apostelgeschichte 8,36b) Bischof Peter ließ sich von Mettes flammenden Worten nicht überzeugen.

Aber er sagte auch nicht Nein. Stattdessen: »Mach, was du meinst – aber ich will nichts davon wissen!«

Es ist spät geworden. Mette tun die Füße weh. Sieben Stunden hat sie vorne am Taufbecken gestanden. Sieben Stunden! Sie ist erschöpft und gleichzeitig erfüllt bis oben hin – womit, das kann sie gar nicht richtig sagen. Aber eigentlich kann es nur das sein, was man versucht mit »Heiligem Geist« zu benennen: Da ist ein Strahlen in ihr.

Wie gut, dass sie sich nicht hat beirren lassen. Wie gut, dass sie gemacht hat, was sie meint. Genau das sagt auch Bischof Peter, als wir – eine Gruppe Hamburger Pastor:innen beim Besuch in Dänemarks Hauptstadt – bei ihm zum Tee eingeladen sind: »Gott sei Dank, habe ich nicht Nein zu Mette gesagt! Ich bin ja so froh darüber!«

Die »Drop-In-Taufe« gibt es inzwischen an zahlreichen Orten in Dänemark, in größeren Städten, aber auch in kleineren Kommunen. In den ersten drei Jahren haben sich schon mehrere Hundert Menschen auf diese Weise taufen lassen, erfahren wir.

Und keine der Befürchtungen des Bischofs hat sich bewahrheitet. Die Geschichten der Menschen, die an solch einem Tag über die Schwelle treten, sind tief und wahrhaftig. Manche tragen den Gedanken an die Taufe schon viele Jahre oder Jahrzehnte mit sich herum. Mit Fast-Food hat das nicht das Geringste zu tun. Manche Geschichten sind schmerzlich, manchmal ist es einfach nur zum Heulen – so schön ist es, zu erleben, was in der Taufe Geheimnisvolles geschieht.

Spät am Abend ist auch Jesper erfüllt und beseelt. Als er wieder nach Hause abbiegt, ist alles gleich und doch alles anders. Sein Dorf ist dasselbe geblieben. Aber er ist ein anderer geworden. Nach 67 Jahren ist etwas geschehen, das sein Leben in ein anderes Licht rückt. Bis vor einigen Monaten hat er nicht gewusst, was ihm gefehlt hat. All diese Jahre. Genau genommen hat Jesper die meiste Zeit überhaupt nicht gewusst, dass ihm etwas fehlt – bis zu dem Tag, als er den Post zur »Drop-In-Taufe« in der Kristkirken bei Facebook entdeckte. Aber heute Abend fühlt er sich wie noch nie: ganz. Und zu Hause.

Mette wischt sich eine Träne aus den Augen, als sie den Hörer auflegt. Am nächsten Morgen hatte das Telefon schon früh geklingelt. Jespers Frau war am Apparat: »Ich danke Ihnen aus tiefstem Herzen. Ich weiß nicht genau, was gestern geschehen ist. Aber eins weiß ich: Noch nie in fünfzig Jahren habe ich meinen

Mann so erlebt. Noch niemals zuvor hat Jesper so geleuchtet. Aus seinem tiefsten Inneren heraus.«

Die Worte klingen noch lange nach. Als uns Mette einige Tage nach der »Drop-In-Taufe« von ihrer Resonanz erzählt, treibt es ihr wieder die Tränen in die Augen.

Und auch mich lassen ihre Erzählungen nicht mehr los. Mette hat noch viele weitere bewegende Geschichten auf Lager: von der Familie, die endlich nach Jahren, in denen eine bedrohliche Erkrankung ihr alle Energie entzog, ihre Kinder zur Taufe bringen konnte. Die hier eine Form fand, die sie in ihrer Lebenssituation nicht überforderte, sondern heilsam war. Sie erzählt von jungen und alten Menschen, in denen der Wunsch nach der Taufe oft über einen langen Zeitraum gereift ist. Die sich einweben wollen in die weltweite Gemeinschaft der Christ:innen, in die biblischen Erzählungen, die aufrichten.

Es ist nicht schwer, sich vorzustellen, mit welcher Energie und welcher Leidenschaft Mette damals ihren Bischof von ihrer Idee überzeugen wollte. Sie sprüht geradezu vor Begeisterungsfähigkeit und brennt für dieses Geschenk Gottes, das die Taufe ihrer festen Überzeugung nach ist. Gleichzeitig ist Mette sehr reflektiert. Man merkt ihr an, dass sie all die Gedanken rund um die Spontantaufe vielfach hin und her gewogen hat. Sie kennt die Widerstände und Ängste, die dagegen vorgebracht werden – und hat Antworten darauf. Diese speisen sich aus ihrem theologischen Verständnis, aus ihrem Glauben und aus der Begegnung mit Menschen, die sie ernst nimmt.

In unserer Gruppe sind wir uns einig: Das wollen wir auch! Auf diese völlig unverkrampfte Art und Weise wollen wir es möglich machen, sich der Taufe anzuvertrauen und Teil dieser Gemeinschaft zu werden. Das brauchen wir auch bei uns in Hamburg!

Im Jahr 2022 fanden die ersten Gehversuche an verschiedenen Orten in Deutschland statt. »Taufe to go« in Oldenburg, »für dich. Segen spüren. Taufe erleben« in Hanau, »A ship called love« auf der Alster in Hamburg, »Goldmoment. Deine Taufe spontan« ebenfalls bei uns in Hamburg …

Und überall begegnen uns Menschen wie in Dänemark. Von Fast-Food-Taufe ist nichts zu spüren. Spontan ist in der Regel nur der Termin – die Gedanken dahinter, die Reflexionen, Abwägungen, Suchbewegungen sind so oft schon lange Teil eines Lebens. Manchmal zunächst auch nur als eine zarte Sehnsucht.

Die Taufe ist etwas sehr Intimes. Etwas, von dem das rationale Selbst nicht genau weiß, was es eigentlich ist, was es damit auf sich haben soll. Nur Wasser, ein Kreuzzeichen und ein paar warme Worte? Im Laufe der Geschichte wurden große theologische Begriffe zur Beschreibung benutzt wie »Gotteskindschaft« oder »Reinigung«, und über die Jahrhunderte haben sich viele kluge Köpfe Gedanken darüber gemacht. Aber was die Taufe für einen Menschen wirklich und ganz persönlich bedeutet, kann man gar nicht so leicht in die richtigen Worte fassen. Ist es ein Schutz vor allem Argen? Ist es die Berührung der Seele mit Gott? Ist es die Erkenntnis, dass Gott mich sieht bis in die tiefsten Tiefen meiner Seele, die ich keinem Menschen je zeigen würde?

Die Antworten darauf sind so unterschiedlich und individuell wie wir Menschen. Am besten erzählen uns Geschichten davon. Wie die von Jesper, der eines Morgens aufbrach – Richtung Osten. Und am Abend zurückkam, verwandelt. Er musste aus seinem gewohnten Umfeld aufbrechen, um diesen Schritt zu gehen. Und er tat das sogar ohne seine Frau, ganz allein. Das war sein Weg. Sein Weg mit Gott. Ganz ohne Tamtam, das große Essen danach, die Luftballons, Geschenke und vorgedruckten Karten. Für manche ist das genau der richtige Rahmen. Für andere nicht – und das ist das Wunderbare daran. Gott kennt und begleitet uns, jede und jeden Einzelnen von uns in unserer großen Vielfalt und Unterschiedlichkeit. Welchen Rahmen wir uns für unser Taufritual geben, liegt ganz an uns.

Erzählung 4
Eine Handbreit Wasser unterm Kiel. Über den Sinn der Schiffstaufe

Meike Barnahl

Eine violette Friedenstaube mit einem grünen Zweig im Schnabel erleuchtet den Hamburger Nachthimmel. Wie bei einem Feuerwerk begleitet von vielen »Aaahs« und »Ooohs« der Zuschauenden. Mit einer spektakulären Drohnenshow leitet eine große deutsche Reederei die Schiffstaufe für ihr neuestes Wunderwerk des Kreuzfahrturlaubs im Frühjahr 2022 ein. Eine Friedensbotschaft an die Welt, bevor die eigentliche Taufzeremonie beginnt. Viele tausend Menschen verfolgen die Zeremonie direkt auf dem Schiff oder in der Liveübertragung am Hamburger Hafen. Immer wieder faszinieren solche gigantischen Schiffstaufen – in Hamburg und überall auf der Welt.

»Schiffbau, das sind immer Emotionen!«, sagt Lutz begeistert und deutet mit einer ausladenden Handbewegung aus dem Fenster. So viel Gefühl hätte ich hier an diesem hoch technisierten Industriestandort nicht erwartet. Lutz ist Schiffbaumeister und Leiter einer Hamburger Werft, und ich bin hier in einem Büro im Inneren der Werft mit ihm verabredet, weil ich wissen will, was es mit der uralten Tradition der Schiffstaufe auf sich hat. Unter uns liegen die Schiffe, die hier auf der Werft gebaut oder repariert werden. Winzig sind sie im Vergleich mit den Kreuzfahrtriesen oder Supercontainerschiffen dieser Welt, aber bedeutsam für den Hamburger Hafen und viele Menschen, die hier arbeiten und ihren Teil zur Bedeutung der internationalen Schifffahrt beitragen. Eins der Schiffe ragt so hoch auf, dass es hier oben im Büro im ersten Stock fast zum Greifen nah erscheint. Aber es ist eingerüstet und mit einer Plane verhüllt, sodass ich nicht sehen kann, was sich genau darunter verbirgt.

Mit Lutz spreche ich, weil ich seiner Perspektive des Erbauers nachspüren will. Später bin ich dann auch noch mit Wulf von einer Hamburger Reederei verabredet, um seine Sicht zu erfahren. Während ein Schiff auf der Werft »nur« gebaut wird, ist eine Reederei für dessen Einsatz, seine Ausrüstung und auch das Personal auf dem Schiff verantwortlich, besitzt das Schiff gewissermaßen. Wulf hat als Flottenmanager schon viele Schiffstaufen mitgeplant und erlebt.

Um Schiffe ranken sich viele uralte Rituale. Es geht los mit der Kiellegung, sozusagen der Geburt des Schiffes: Auf den Pallen – das sind die Holzblöcke, auf denen das Schiff im Baudock aufliegt – wird ein Geldstück platziert, bevor das erste Stück Schiff daraufgelegt wird. »Manche Reeder legen sogar heute noch einen echten Goldtaler mit ein paar tausend Euro Wert unter den Kiel«, erzählt mir Lutz. Das Geld wird später beim Zuwasserlassen von den Werftmitarbeitenden abgeborgen, quasi gerettet, bevor es in den Wassermassen verloren gehen würde. Und die Reederei muss es dann wieder auslösen, natürlich in angemessen festlichem Rahmen mit passenden (hochprozentigen) Getränken und freudiger Feierlaune. Traditionell wurden die Münzen unter dem Hauptmast platziert, wo sie niemand stehlen konnte. Heute im Stahlschiffbau werden sie in der Nähe das Hauptmastes eingeschweißt. Durch Wrackfunde lässt sich dieser Brauch sehr weit zurückverfolgen, bis mindestens zweihundert Jahre vor Christus.

Das bekannteste und größte Ritual ist aber die Schiffstaufe. Warum diese Zeremonie ausgerechnet als »Taufe« bezeichnet wird, ist schnell erklärt: Als sich die christliche Säuglingstaufe etablierte, wurde sie unmittelbar mit der Namensgebung verknüpft, denn die Babys wurden meistens nur wenig Tage nach ihrer Geburt getauft. So wurde und wird bis heute die Bezeichnung »Taufe« auch für andere Namensgebungen verwendet.

Aber: Welche Funktion hat ein solches Ritual in der heutigen Zeit? Ist es nicht doch einfach nur nette Folklore, die traditionsbewusste Menschen in unsere Zeit gerettet haben? Früher ging es nachvollziehbarerweise um Schutz in der Unberechenbarkeit der Seefahrt. Weit ab von aller Zivilisation und dem sicheren Land, in einer knarrenden und ächzenden Holzkonstruktion, die nicht viel mehr war als ein Spielball, den Urgewalten des tosenden Meeres ausgeliefert – ohne moderne Navigations- oder Funkgeräte, Sonar und andere Messsysteme. Da brauchte man allen Schutz, den man bekommen konnte! Vor allem die Götter mussten einem wohlgesonnen sein. Und dafür wurde einiges getan. Schiffsweihen mit Namensgebung sind bis ins vierte vorchristliche Jahrhundert überliefert, und zu Beginn wurden dazu sogar Menschenopfer dargebracht, später dann Tieropfer und andere, auch symbolische Opfergaben.

Diese Opfersymbolik spielt noch immer eine wichtige Rolle im Ritual der Schiffstaufe – und zwar weltweit und religionsübergreifend: In Indien zerschmettert man eine Kokosnuss am Schiffsrumpf, in Schottland eine Whiskyflasche, in arabischen Ländern verwendet man Wasser aus der heiligen Quelle bei Mekka, in afrikanischen Ländern Reiswein. Je nach Ort und lokaler Tradition ist es immer ein besonders wertvolles Getränk des Kulturkreises. Bei uns wird deshalb meistens eine Champagner- oder Weinflasche ausgewählt, die am Rumpf zerbrechen soll. Dabei werde heutzutage kaum etwas dem Zufall überlassen, berichtet Lutz. Denn es gilt als schlechtes Omen, wenn die Flasche nicht kaputtgeht. Deshalb wird sie meistens nicht mehr nur noch gegen den Rumpf geschleudert, sondern es werden besondere Vorrichtungen gebaut, die dafür sorgen sollen, dass auch ja nichts schiefgeht. Oder die Flaschen werden eigens dafür präpariert, damit sie auch ganz sicher zerbrechen. Der Korken muss allerdings unbedingt unversehrt im Flaschenhals bleiben. Das gilt als Beweis der Echtheit der Taufe. Als besonderes Zeichen der Tauferinnerung wird er noch vor Ort in ein vorbereitetes Brett eingearbeitet, das fortan auf der Brücke des Schiffes mit auf große Fahrt geht. Alles hat eine Bedeutung, aber kaum etwas davon ist schriftlich verzeichnet. Mündlich überliefert wird das Wissen von Generation zu Generation weitergegeben.

Traditionell findet die Taufe vor dem Stapellauf statt – dem Moment, in dem das Schiff das erste Mal in »sein« Element eintaucht und das zugleich auch der erste Stresstest für die Konstruktion ist. Heute wird die Taufe aber oft erst eine Weile nach dem ersten Zuwasserlassen im Heimathafen gefeiert – vor allem bei Schiffen, die für eine breite Öffentlichkeit interessant sind.

Zuerst wird bei der Schiffstaufe der Name des Schiffes freigelegt, dann kommt die Champagnerflasche zum Einsatz. Immer sei es eine Taufpatin, also unbedingt eine Frau, die hierbei die wichtigste Rolle spielt, erklärt mir Lutz. Ganz vereinzelt werden auch Männer Taufpaten, wie zum Beispiel Bundespräsident Richard von Weizsäcker, der 1998 die »MS Deutschland« taufte, aber das ist die absolute Ausnahme. »In der Seefahrt sind wir ziemlich abergläubisch«, sagt Wulf lachend. Und ein Mann als

Taufpate? Das bringe womöglich Unglück. Deshalb gebe es – je nach lokaler Tradition – auch noch andere Kriterien, die bei der Taufpatin zu beachten sind. So kommt aus der englischen Tradition zum Beispiel die Regel, dass die Taufpatin nicht rothaarig sein und keine grüne Kleidung tragen darf – das Gleiche gilt für die Gäste. Der Klabautermann hat rote Haare und grüne Zähne, und den möchte nun wirklich niemand an Bord haben. Er könnte dem Schiff schaden. Reiner Aberglaube? Ganz so todernst wird das heute zwar nicht mehr genommen, aber die Regeln gelten nach wie vor. Man will doch lieber kein Risiko eingehen.

Die Taufpatin also hält die Taufrede für das Schiff und für die Menschen, die mit ihm verbunden sind: Reederei, Besatzung, Passagiere. In der Gestaltung ist sie ganz frei. Meistens geht es um den Bauprozess und die zukünftige Aufgabe, vor allem aber um gute Wünsche, um sichere Heimkehr und »volle Luken«, also wirtschaftlichen Erfolg. Fast immer gehören folgende rituellen Worte dazu: *»Wir wünschen dir allzeit gute Fahrt und stets eine Handbreit Wasser unterm Kiel.«* Diese Aufgabe der Taufpatin ist enorm wichtig. Sie bekommt anschließend ein wertvolles Geschenk, meistens ein Schmuckstück, das symbolisiert, dass sie von nun an mit »ihrem« Schiff eng verbunden bleibt. Wulf erzählt, dass die Eigentümerfamilie seiner Reederei sehr viel Wert auf die Auswahl der Patinnen lege. Wer hat sich verdient gemacht in der Reederei? Wer hat eine enge Verbindung? Wer aus der Familie kommt in Betracht? Es ist eine große Auszeichnung, als Taufpatin gewählt zu werden. Auch Wulfs Frau wurde diese Ehre vor einigen Jahren zuteil, sie durfte die »Fairplay 11« in Rotterdam taufen. Seitdem ist sie mit diesem Schiff und der Besatzung ganz besonders verbunden – und ihr Mann vielleicht auch noch ein bisschen mehr als ohnehin mit all den Schiffen »seiner« Flotte. Beide wissen genau Bescheid, wie es »ihrem« Schiff und seiner Besatzung geht, und jedes Mal, wenn sie in Rotterdam, dem Heimathafen des Schiffes, sind, gehen sie an Bord, besuchen die Besatzung – natürlich mit Kuchen im Gepäck.

Traditionell betritt die Taufpatin erst nach der Taufe erstmals das Schiff und bekommt gemeinsam mit dem Reeder oder der Reederin eine exklusive Führung durch den Kapitän, bevor dann mit allen Gästen gegessen, getrunken und fröhlich gefeiert wird.

Aus Sicht des Schiffbauers ist ein besonders wichtiger Teil der Zeremonie die sogenannte Übergabe. Nach der Taufrede der Patin hält der Werftchef seine Rede und endet mit den Worten: *»Hol nieder, Werftflagge. Hol rauf, Reedereiflagge.«* In diesem Moment des Flaggenwechsels geht das Schiff mit allen Pflichten von der Werft an die Reederei über. Nicht immer geschieht das zeitgleich mit der Taufe, aber in jedem Fall sei das »ein echter Gänsehautmoment«, sagt Lutz. »Der Schaffensprozess ist abgeschlossen, und wir geben das Schiff aus unseren Händen. Ich habe schon manchmal mit Tränen in den Augen an der Reling gestanden, bei besonderen Schiffen, die mich besonders herausgefordert haben.« Die Emotionen sind ihm deutlich anzumerken, aber auch die Identifikation mit dem, was er tut, und der Stolz. »Ein Schiff ist wie ein Baby«, erklärt er mir. »Jedes Schiff ist anders, selbst wenn Schiffe aus derselben Baureihe kommen, unterscheiden sie sich, jedes hat seine Eigenarten, hat andere Herausforderungen.«

Ähnlich emotional klingt es auch bei Wulf, wenn er erzählt, wie jedes neue Schiff in die »Familie« aufgenommen wird. Im Rundschreiben wird es willkommen geheißen, die anderen Schiffe fahren raus, ihm entgegen, um es zu begrüßen und zu geleiten. Ich merke: Es geht hier um viel mehr als nur um ein Stück Stahl oder ein technisches Gerät, mit dem lediglich viel Geld zu verdienen ist.

Schiffe waren historisch gesehen schon immer ein sehr wichtiger Teil der Gesellschaft, in der sie genutzt wurden. Sie waren wichtig im Alltag, und die Menschen waren abhängig von ihnen, sie schafften Nahrung herbei, verbanden Inseln und Flussufer und waren für den Handel und das Wohlergehen der Gemeinschaft von großer Bedeutung. Für die Seeleute waren sie gleichzeitig ihr Zuhause, ihre Lebensgrundlage und unsicheres »Terrain«.

Auch heute sind Schiffe eine wichtige Lebensgrundlage für Reedereien, Seeleute und Schiffbauer. Im logistisch fein austarierten reibungslosen Ablauf der weltweiten Schifffahrt spüren wir das kaum noch – außer wenn dieser Ablauf nicht mehr funktioniert. Als die »Ever Given« 2021 sechs Tage lang im Suezkanal feststeckte und damit die wichtigste Wasserstraße der Welt blockierte, während alle Nationen der Erde mit den wirtschaftlichen Folgen der Pandemie zu kämpfen hatten, da spürten wir auf einmal wieder, wie wichtig Schiffe für uns als Gesellschaften sind.

Je länger ich mit Lutz und Wulf spreche, verstärkt sich der Eindruck, dass sich diese gesellschaftliche Relevanz, die persönliche Verbundenheit, der Stolz und die Vergewisserung einer ganzen Branche darin ausdrückt, dass diese alten Rituale, wie etwa der Schiffstaufe, gepflegt und von Generation zu Generation weitergegeben werden. Gleichzeitig wird durch das Feiern die Verbundenheit gestärkt – mit dem Schiff, aber auch untereinander. Mit dem englischen Begriff »Ownership« – wie passend! – wird eine solche Verbundenheit in der Wirtschaft, aber auch zum Beispiel in der Entwicklungspolitik bezeichnet. Wenn sich Menschen ganz so wie ein Eigentümer verbunden fühlen mit Prozessen oder Vorhaben, die sie betreffen, oder mit dem Produkt ihrer Arbeit, sind sie in besonderer Weise bereit, dafür Verantwortung zu übernehmen, und erfahren darin Sinn.

Wulf hat aber auch schon das Gegenteil erfahren in seinem Berufsleben: Je größer die Reedereien werden und je mehr Schiffe zu Spekulationsobjekten, desto geringer sei in der Regel die Verbundenheit zu dem, was man tut, und damit auch die Verantwortungsbereitschaft. Das lasse sich auch an der Schiffstaufe ablesen: Aus dem sinnhaften Ritual werde dann leicht Routine. Entweder werde das Event dann alleine zu Repräsentationszwecken bombastisch ausgestaltet, um in der Öffentlichkeit und vor den Geldgeber:innen möglichst viel Eindruck zu machen. Oder es werde, im anderen Extremfall, wie am Fließband abgeleistet: mehrere Schiffe auf einmal, eine Standardrede für alle und dann noch schnell ein billiger Sekt zur Taufe.

Und dann gibt es sogar Schiffe, die überhaupt nicht getauft werden, erfahre ich von meinen beiden Gesprächspartnern. Einige meinen, das Ritual sei überflüssiger Tand, den heute keiner mehr braucht. »Ich hab' das Gefühl, da ist dann nicht so viel Glück im Spiel«, sagt Wulf nachdenklich. Tatsächlich: Bei meiner Recherche finde ich heraus, dass die Titanic zum Beispiel nicht getauft wurde. Das Schiff war damals nach den neuesten wissenschaftlichen und technologischen Standards gebaut worden und galt als unsinkbar. So entschloss man sich, auf das alberne, abergläubische Ritual der Taufe zu verzichten. Die Titanic sank auf ihrer Jungfernfahrt und riss 1.514 Menschen in den Tod. Dass dafür nicht die fehlende Taufe und folglich wütende Meerungeheuer oder strafende Götter die Ursache waren, werden heute wahrscheinlich auch die eingefleischtesten und traditionsbewusstesten Seeleute nicht bestreiten. Nachdenklich macht es trotzdem. Denn das Wissen darum, dass längst nicht alles in unserer menschlichen Macht steht, ist auch heute noch bei vielen tief verwurzelt. Die See ist eben unberechenbar. Wulf erzählt, dass die jüdische Eigentümerfamilie seiner Reederei bei jeder Schiffstaufe – wo auch immer sie auf der Welt stattfindet – dabei sei und immer einen hebräischen Segensspruch aus der Thora spreche. Von seiner eindrücklichsten Schiffstaufe erzählt er mir zum Schluss: Im südafrikanischen Durban segnete zuerst ein Stammesvertreter der Massai das Schiff, dann kam eine ganze Abordnung von Massaikriegern und führte einen rituellen Tanz auf. Anschließend schloss sich ein christlicher Pastor mit seinem Segen an. Den Segensspruch aus der Thora gab es natürlich auch.

Die Sehnsucht nach einem guten Anfang, gutem Gelingen, der Wunsch nach Glück, Erfolg und Schutz auf unseren Wegen – darum geht es auch heute noch. All das haben wir Menschen letztendlich nicht selbst in der Hand, auch wenn wir – das zeigt der Schiffbau sehr eindrücklich – technologisch auf dem allerneuesten Stand sind, alles sorgfältig zertifizieren und uns für aufgeklärt und rational halten.

Erzählung 5
Alles auf Anfang. Wie Rituale ein neues Zuhause beseelen

Emilia Handke

In einen neuen Ort zu ziehen, hatte für mich immer etwas Magisches: Jedes Mal, wenn ich umzog, liebte ich es, die Straßen, Flüsse, Wälder und Parks auf Landkarten mit der Fingerkuppe nachzuzeichnen und zu recherchieren, wer die Menschen waren, nach denen die Straßen benannt wurden, in denen ich nun wohnen durfte. Und ich war unzufrieden, wenn es »nur« Ortsnamen waren wie die »Nürnberger« oder die »Dithmarscher Straße« und keine Persönlichkeit oder eine geheimnisvolle Geschichte dahintersteckte. Ich liebte es, mir die Wege der Umgebung zu erlaufen und mir das Schild der ersten Bäckerei einzuprägen, an der ich zu Fuß vorbeikam. Oder das erste Mal einkaufen zu gehen und die Leute hinter der Kasse auf seltsam verbundene Weise emphatisch zu grüßen.

Und dann diese leere Wohnung, in der noch nichts *zu viel* war, sondern im Grunde alles möglich. Der frische Duft des Ungewissen. Mit wem würde ich hier am Küchentisch sitzen und lachen? Wein und Tränen teilen? Für wen würden sich meine vier Wände nach einem Zuhause anfühlen? Was würde hier entstehen an Gedanken, an Plänen, an Streit und an Versöhnung? Wie würde es riechen im Sommer vorm Balkon und wie im winterlichen Treppenhaus?

Mit einem Umzug gehen immer viele verschiedene Rituale einher, die uns zuerst gar nicht so vorkommen, es aber bei genauem

Hinsehen sind: das Kündigen der alten Bleibe, das Abmelden von Strom und Wasser, der Nachsendeauftrag bei der Post – bei dem man wieder entscheiden kann, ob die neue Adresse dem Absender mitgeteilt werden soll oder ob man lieber einmal Tabula rasa machen will. Noch einmal alles auf Anfang stellen. Noch einmal durchsortieren, was man im Laufe der Jahre angesammelt hat an Briefen, Aufzeichnungen und Verbindungen, und noch einmal entscheiden: Was soll weg von mir, und was darf bleiben?

Ich liebte es auch, alte Möbel auf dem (digitalen) Kleinanzeigenbasar zu verkaufen und neue ebendort zu erwerben – oft unter dem fadenscheinigen Grund, dass die Gegenstände nun bestimmt nicht mehr in die neue Wohnung passten. Es war also auch so etwas wie eine Art Freibrief, um in diesen Tagen etwas großzügiger mit dem Geld umgehen zu dürfen. Und wenn man mit jemand anderem zusammenzog, dann gab es plötzlich »unser erstes gemeinsames Sofa« – ja, überhaupt die Begründung eines »Wirs«: zwei Namen an der Klingel, die irgendwie zusammengehören. Nach außen für alle sichtbar, dass hier eine besondere Verbindung ihren Ort gefunden hat.

Ein Haus, das man selbst gebaut hat, ist dabei sicher noch einmal eine besondere Erfahrung. Erst das zähe Verhandeln mit der Bank um das viele Geld, das man meistens im Laufe seines Lebens sehr lange abarbeiten wird. Dann »kauft« man ein kleines Fleckchen Erde – ich schreibe das hier in Anführungszeichen, weil es mir komisch vorkommt, dass man ein Fleckchen Erde überhaupt kaufen kann. Und man sagen darf, es würde einem »gehören«: von da bis da. Vom Ginsterstrauch da vorne bis zur Fliederhecke da hinten, vom Holzzaun bis zum Wegesrand. Bauantrag, Bauvoranfrage und das Suchen nach Firmen, die ausführen, was man sich erdacht und erträumt hat.

Vom Kauf bis zum Baubeginn vergehen oft ein bis zwei Jahre. Für Martin Pieper, der als Zimmerermeister einen kleinen Familienbetrieb in der Nähe vom brandenburgischen Friedrichswalde führt, braucht es auf diesem langen Weg zum eigenen Zuhause irgendwann eine Pause. Eine Pause zwischen all den Notizen und Anträgen, den Nägeln und dem Schweiß, der in diesen Balken steckt. Wenn der Rohbau aus Bodenplatte, Mauerwerk und Dachstuhl steht, dann ist es für ihn der Moment für ein Richtfest, an dem man Zeit hat, auch ordentlich zu feiern und zu genießen, was man geschafft hat. Denn vorher bemerkt man das nicht. Weder, wenn man auf der Baustelle zwischen all den Balken herumkriecht, noch bei der physisch unsichtbaren Arbeit beim Planen. Aber wenn die Richtkrone im First hängt und man den Blick nach oben richtet, dann sieht man plötzlich, was man geschafft hat. Und das ist wichtig. Das sind nämlich Momente, die sich einbrennen, die in Erinnerung bleiben. Es ist, wie wenn man nach einer langen anstrengenden Wanderung ins Tal blickt. Mit Freude und Stolz. Dieser Moment ist auch für die Lehrlinge wichtig. Es geht ums Ehren von ehrenwerter Arbeit, sagt Martin. Sonst heißt es, abends immer nur schnell das Werkzeug einzuräumen und morgens keine Zeit zu versäumen. Aber Zeit zum Genießen, zum Stolz, zur Dankbarkeit, Zeit für eine Flasche Bier auf der Baustelle – die gibt es sonst eigentlich nicht. Deswegen versuchen seine Mitarbeitenden eigentlich immer, die Bauleute für ein Richtfest zu begeistern. Denn die müssen es ausrichten. Für die Handwerker:innen ist das ein ungeschriebenes Gesetz. Und wenn die Bauleute es nicht von sich aus ausrichten, dann wurde schon manchmal ein Besen statt der

Richtkrone in den First genagelt, um alle im Ort darauf hinzuweisen, was hier vergessen wurde.

Normalerweise findet das Richtfest am Nachmittag etwa ein bis zwei Stunden vor Feierabend statt. An diesem Tag tragen alle Zimmererleute Zunftkleidung – also Hut und Staude, das ist das Zunfthemd. Mindestens einer von ihnen muss traditionell dabei sein, um den Richtspruch zu halten. Für die Krone sind die Bauleute verantwortlich, oft helfen Nachbar:innen oder Freund:innen dabei. Da deren Material von den Jahreszeiten abhängt, ist die Krone manchmal aus Stroh, manchmal aus Tannengrün. Und wer nicht so viel Arbeit haben will, der hängt einfach eine Birke oder einen Tannenbaum in den First.

Man sagt, ein Richtfest bringe Glück. Für Martin geht es darum, dass man in dem Haus gut schlafen kann, sich wohl und sicher darin fühlt. Das hat für ihn persönlich auch etwas mit dem Schutz Gottes zu tun. Ein Richtfest beginnt normalerweise so, dass sich der Zimmermann mit den Bauleuten auf die Rüstung des Daches begibt. Unten stehen die Gäste – Nachbar:innen, Freund:innen und Handwerker:innen, also vor allem Maurer- und Zimmerleute, vielleicht noch die Architektin oder der Elektriker. Das sind die Gewerke, die bisher an dem Haus gearbeitet haben – alle anderen kommen erst später dazu. Dann eröffnet der Zimmerermeister mit dem Richtspruch und opfert ein Glas, bevor die Bauleute symbolisch den letzten Richtnagel einschlagen. Geht der Schlag daneben, dann wird laut »Holz!« gerufen – und ein Schnaps getrunken. Wenn der letzte Nagel sitzt, sprechen die Bauleute noch ein paar Worte, bedanken sich bei den Handwerker:innen und bei allen anderen und eröffnen das Fest mit dem Hinweis aufs Buffet. Martin hat sich seinen eigenen Richtspruch aus verschiedenen alten Sprüchen zusammengeschrieben – für ihn ist er so etwas wie ein Best-of der zünftigen Richtsprüche. Und der lautet so:

»Hier oben von der Höh' schau ich hinnieder,
gerichtet ist ein Haus schon wieder,
was wär' der Mensch ohn' Haus auf Erden,
was sollt mit ihm im Winter werden,
drum sag', was fing der Mensch bloß an,
wär' keiner worden Zimmermann.

Vom Morgen bis zur späten Nacht
war dieser schöne Bau vollbracht.
Es ist gelungen, nicht zu groß, zu klein,
drum sprech' ich meinen Segen jetzt hinein.
Bewahrt sei dieses Haus vor Sturm und Brand,
vor Blitz und hohem Wasserstand,
vor and'rer schwerer Not,
vor Hunger, Krankheit und gar Tod.

Nun müssen and're noch vollenden,
den Bau mit kunstgeübten Händen,
das Innere sorgsam schmücken aus,
dann wird's fürwahr ein prächt'ges Haus.

Nun nehm' ich froh das Glas zur Hand,
gefüllt mit Wein bis an den Rand,
und mit feur'gem Saft der Reben,
will jedermann die Ehr ich geben,
wie sich's nach altem Brauch gebührt,
wenn so ein Bau ist ausgeführt.

Den ersten Schluck der Bauherrschaft
und allen die da gehen ein und aus,
hoch sollen sie leben.
Hoch, Hoch, Hoch!!!

Den zweiten Schluck den Bauplanern,
hoch sollen sie leben.
Hoch, Hoch, Hoch!!!

Nun brauchte man zu allen Zeiten,
nicht nur den Kopf,
nein, auch die Hand,
drum noch ein Lob den Maurern und den Zimmerleuten,
durch deren Kraft der Bau entstand,
Hoch sollen sie leben.
Hoch, Hoch, Hoch!!!

Nun ist das Glas wohl ausgeleert
und für mich weiter nichts mehr wert,
drum werf' ich es zu Boden nieder,
zerschmettert braucht es keiner wieder,
doch Scherben bringen Glück und Segen,
der Bauherrschaft auf allen Wegen.«

Bei seinem eigenen Haus wollte Martin einen Pfarrer für diesen Segen dabei haben. Für ihn »gehört es irgendwo dazu«. So sagen es ja auch die ganzen alten Richtsprüche, die die Zimmerleute mit Gott und der Kirche verbinden. Es kommt nicht von ungefähr, dass man sie früher auch als »Baupredigten« bezeichnet hat. Da heißt es zum Beispiel, so liest er es mir vor: »Wir bitten Gott, der in Gefahren uns allezeit so treu bewahrt, er möge das Bauwerk hier bewahren vor Not und Schaden aller Art.« Weil Ralf Schwieger, sein Pfarrer, ihm nicht aufs Dach steigen wollte, hat Martin damals mit seiner Frau und ihm auf dem Balkon gestanden. Ralf hat dann Worte aus Psalm 127 gesprochen, darin heißt es:

Wenn Gott nicht das Haus baut,
so arbeiten umsonst, die daran bauen.
Wenn Gott nicht die Stadt behütet,
so wacht der Wächter umsonst.
Es ist umsonst, dass ihr früh aufsteht
und hernach lange sitzet
und esset euer Brot mit Sorgen …

Ralf sagt, dass Menschen schon seit jeher die Frage bedrängt hat, wo Gott eigentlich anzutreffen ist. Das Alte Testament sagt, er »wohne« in seiner ersten Liebe, im Volk Israel. Das Neue Testament sagt, er »wohne« in dem in Christus vereinten Gottesvolk aus vielen Völkern. Andere sagen, er »wohne« in der Kirche. Wieder andere ergänzen, er »wohne« dort, wo Gerechtigkeit und Frieden sich küssen – im Himmel und auf Erden. Für Ralf wohnt er überall dort, wo Menschen sich auf Gott einlassen, sich mit ihm verbinden. Und das tut er heute: Dieses Haus der jungen Familie aus selbst geschlagenem Holz mit Gott verbinden. Hier soll gelebt und geliebt, gegessen und getrunken, gestritten und vertragen werden. Hier soll sich Kinderlachen ins Holz einklingen, und hier soll man alt werden dürfen. Und deswegen ruft er Gott in einem Segensgebet an:

Herr, unser Gott,
dieses Haus wird gebaut

durch den Fleiß vieler Menschen.
Lass es uns ein Zeichen deiner Güte sein,
dass du mit uns bist,
dass du den Architekt:innen und Zimmerleuten
hinreichend Verstand gegeben hast,
den Polierer:innen und Handwerker:innen hinreichend Geduld
und allen, die hier arbeiten,
Kraft und Gesundheit, Freude an ihrer Arbeit,
und einen Lohn, von dem sie leben können.
Wir danken dir für allen bisherigen Schutz
in der Zeit des Bauens.
Bewahre auch weiterhin, die an diesem Haus bauen.
Bleibe bei allen, die in diesem Haus wohnen,
erfülle alle mit deinem Geist,
bewahre sie in deiner Liebe.

Wir loben und preisen dich,
heute und alle Tage unseres Lebens.

Der Herr segne euch und behüte euch;
der Herr lasse sein Angesicht leuchten über euch
und sei euch gnädig;
der Herr erhebe sein Angesicht über euch
und gebe euch Frieden.

Früher gingen alle am Morgen vor dem Richtfest gemeinsam in die Kirche, und vor dem eigentlichen Richten knieten die Zimmerleute zu einem kurzen Gebet nieder. War der letzte Sparren gesetzt, rasselten sie mit langen, schweren Ketten auf dem Dachboden. Das sollte einerseits den Bauleuten zeigen, dass das Richtfest nun beginnen könne, andererseits sollte es aber auch Ratten und böse Geister vertreiben. Heute ist ein Pfarrer auf solchen Festen eher die Ausnahme. Aber es gibt schon noch einige, die wissen: Wir brauchen mehr, als wir uns selber geben können, wir brauchen auch den Schutz von ganz oben. So erzählt es mir Ralf, der seit vielen Jahren Pfarrer in der Schorfheide ist und manchmal auch Kitas oder Feuerwehrhäuser einweiht. Ihm ist auch zu Ohren gekommen, dass sich Leute in seinem Dorf einen Schutzbrief weitergeben, den sie aus dem alten Sütterlin jeweils mit der Hand abschreiben. Es gibt Geschichten, dass einem, der den Brief 1954 nicht haben wollte, später die Scheune abgebrannt ist ...

Dieses Wissen, dass es mehr gibt zwischen Himmel und Erde, als wir uns manchmal eingestehen wollen, das kennt auch Anne – eine junge Kollegin aus einem kleinen Ort in Ostthüringen. Eines Tages wird sie von einer Frau aus ihrer Gemeinde angesprochen. Die arbeitet bei Lidl an der Kasse und ist ungefähr 50 Jahre alt. Ob Anne als Pfarrerin mal in ihrem Haus vorbeikommen könnte, damit sie dort zusammen beten könnten. Anne weiß nicht so genau, was sie bei dieser Bitte erwartet. Sie packt ihren kleinen Koffer mit einem Best-of an evangelischen Gebeten und Liedern, Kerzen, Streichhölzer und Salböl und trifft im Garten auf die beiden Eltern, die beiden Kinder und die jeweiligen Großelternpaare. Dort im Garten erfährt sie, dass die Familie in den letzten zwei Monaten gehört hat, dass das Haus lange Zeit keinen Käufer fand, weil sich darin zuvor jemand das Leben genommen hatte. Das Gespräch dauert fast anderthalb Stunden. Sie stehen lange gemeinsam vor diesem Haus. Als sie zu Ende erzählt hatten, nimmt Anne die Kerze aus ihrem Koffer und beginnt, mit den Leuten von Raum zu Raum zu gehen und mit der Familie für die Familie zu beten. Sie beginnt ganz konkret damit, Gott anzurufen und zu loben dafür, dass wir in seiner Gegenwart leben und dass er uns hört und sieht und auch die Verstorbenen bei sich aufnimmt. Dann betet sie in jedem Raum – in der Küche zum Beispiel für Gemeinschaft und Leib und Seele. Ehrfürchtig wandern sie von Raum zu Raum mit ihrer Kerze und gefalteten Händen.

In diesem Haus brauchte es einen neuen Anfang. Die Familie ist hinterher erleichtert, irgendwie befreiter als vorher. Als wäre jetzt endlich alles gut. »Durch unser gemeinsames Dortsein hat sich etwas verändert«, so beschreibt es Anne, als sie mir davon erzählt. »Der Raum ist nun zu ihrem Raum geworden. Weil wir dort gemeinsam mit Ernst vor Gott etwas benannt haben. Und weil das alles nicht nur bei ihnen blieb, sondern geteilt wurde. Und weil wir dieses Haus gemeinsam geehrt haben, wir standen ja auch ganz lange im Garten davor, während wir geredet haben.« Das Fachwort dafür, dass sich Gebäude Ereignisse merken, lautet »Geomantie«. Auch diese Lehre von den Kraftfeldern ist mittlerweile zu einem eigenen Berufszweig geworden, den manche Menschen für die Ausräucherung ihrer Wohnung oder bei Schlafproblemen in Anspruch nehmen.

Rituale, die sich dem Einziehen, dem Bewohnen und Beseelen eines Ortes widmen, gibt es viele. Ein letztes soll an dieser Stelle nicht fehlen und das ist der bis ins Mittelalter zurückgehende Brauch, sich zum Einzug Brot und Salz zu schenken. Also keine besonderen Pflanzen, keine teuren Weinflaschen, keine Luftballons. Sondern Brot und Salz. Etwas ganz Elementares. Früher waren das die kostbaren Grundnahrungsmittel, die auch in ärmlichen Haushalten nicht fehlen durften. Sie standen auch unangemeldeten Gästen zur Verfügung. Viele kennen die Bitte »Unser täglich' Brot gib uns heute« aus dem Vaterunser oder die Redewendung vom »Salz in der Suppe«.

Steht das Brot dabei eher für das Lebensnotwendige, so war das Salz – früher »weißes Gold« genannt – das Besondere, ein Symbol für die Würze und die Bewahrung des Lebens. Denn Salz diente früher auch zur Konservierung von Lebensmitteln. Die Bedeutung von Brot und Salz findet sich übrigens auch in anderen Kulturen. So gibt es im Arabischen das Sprichwort: »Wer mit dir Brot und Salz aß, der betrügt dich nicht.« Hierzulande sagt man sich traditionell beim Überreichen der Gaben: »Brot und Salz, Gott erhalt's!« Auch hier begegnet uns wieder das alte Wissen, dass wir nicht alles im Leben selbst in der Hand haben …

Ein Ritual für dich

WENN DU DEIN ZUHAUSE SELBST SEGNEN MÖCHTEST

Lade dir Freund:innen als gute Geister ein. Besorge dir vielleicht eine kleine Glocke oder eine Klangschale und eine Kerze. Stellt euch am Eingang der Wohnung auf, zündet die Kerze an und schlagt einmal gegen die Glocke oder die Klangschale. Gemeinsam könntet ihr nun eine Liedstrophe aus »Der Mond ist aufgegangen« singen, vielleicht sogar diese beiden:

»Der Mond ist aufgegangen,
die gold'nen Sternlein prangen
am Himmel hell und klar.
Der Wald steht schwarz und schweiget,
und aus den Wiesen steiget
der weiße Nebel wunderbar.

Seht ihr den Mond dort stehen?
Er ist nur halb zu sehen
und ist doch rund und schön.
So sind wohl manche Sachen,
die wir getrost belachen,
weil unsere Augen sie nicht sehen.«

Wenn ihr das Lied nicht kennt: Im Internet gibt es Text und Noten – es ist ein altes Volkslied aus dem 18. Jahrhundert von Johann Abraham Peter Schulz und Matthias Claudius. Danach könntest du Gott bitten: »Guter Gott, ich bitte dich, dass du jetzt dabei bist, wenn wir von Raum zu Raum gehen mit unserem Licht. Ich bitte dich, richte alles zum Besten hier.« Nun geht ihr mit der Kerze langsam von Raum zu Raum und segnet jeden einzelnen Raum, ganz einfach, indem du sagst: »Gott, segne du den Raum: die fliegenden Fetzen, das Essen, das Schlafen, die Ruhe, die Fröhlichkeit …« Je nachdem, was für welchen Raum gerade passt. Am Ende schlägst du noch einmal die kleine Glocke oder die Klangschale und pustest die Kerze aus.

Erzählung 6
Tanz im Mobile. Über Rituale im Familiengefüge

Meike Barnahl

»Herzlichen Glückwunsch zum Baby! Wir wünschen euch eine schöne Kennenlernzeit und viel Glück auf eurem gemeinsamen Weg zu dritt, zu viert, zu fünft …!« So oder so ähnlich klingen Glückwünsche, die auch ich schon oft per Messenger oder Grußkarte auf den Weg geschickt habe. Und auch wir selbst haben sie zur Geburt unserer Kinder bekommen. Es ist etwas Besonderes, wenn ein neues Mitglied in die Familie kommt, das einen ganz eigenen Charakter und natürlich auch ganz eigene Bedürfnisse hat. Es ist eine besondere Zeit. Ich erinnere mich noch gut, wie turbulent jeder einzelne Tag war. Ganz am Anfang, in dieser Kennenlern- und Zusammenwachszeit: Wie können wir unser Kind beruhigen, wenn es stundenlang schreit und wir schon alles versucht haben? Wie konnte ich verhindern, dass das Spielzeug meines älteren Sohnes, das er liebevoll über den Rand der Wiege bugsierte, nicht den Kopf des Neugeborenen traf? Wie bringen wir unseren Mangel an Schlaf, den Wunsch nach Besuch und das Bedürfnis nach einem festen Rhythmus in Einklang? Wenn jemand neu ankommt, müssen sich alle neu einfinden. Und erst mal gerät alles mächtig durcheinander.

Aber das ist natürlich längst nicht nur so, wenn ein Kind geboren wird. Wenn ein Kind adoptiert oder ein Pflegekind aufgenommen wird, wird die Familienbalance ebenso herausgefordert. Gleiches gilt, wenn zum Beispiel eine Austauschschülerin für eine Weile in die Familie kommt oder ein Au-pair oder wenn die Mutter einzieht, weil sie mehr Unterstützung braucht. Oder wenn eine WG sich neu zusammensetzt. Auch wenn ein neuer Partner einzieht, vielleicht mit Bonuskindern, und sogar dann, wenn ein Hund oder ein anderes Haustier aufgenommen wird. Egal, wer neu dazu kommt und aus welchem Grund – immer ändert sich das bestehende Gefüge. Wie bei einem Mobile, das bislang fein austariert und harmonisch im Gleichgewicht war. Wenn irgendwo an einer Seite auch nur etwas ganz kleines Neues hinzukommt, kommt das Gleichgewicht durcheinander. Alles gerät ins Schwanken und tanzt eine ganze Weile wild durcheinander. Erst allmählich pendelt es sich wieder neu ein und balanciert sich aus. Alle Menschen müssen neu ihren Platz darin finden und ihre Rolle im neuen Gefüge. Rituale können dabei helfen.

Heike und Gerd sind zwei, die sich damit bestens auskennen. Über siebzig Pflegekinder haben sie schon aufgenommen, sagt mir Herr Portugall von PFIFF, dem gemeinnützigen Fachdienst für Pflegekinder und ihre Familien in Hamburg, der Pflegekinder vermittelt und Pflegefamilien begleitet, unterstützt und schult. In seiner SMS schreibt Gerd, ich solle gleich an der Terrassentür klopfen. Im Wohnzimmer sehe ich Heike, die gerade die Beine hochlegt. Die Hunde bellen außer sich vor Freude und machen Heike und Gerd auf mich aufmerksam. Beide begrüßen mich herzlich und lassen mich in ihr Reich aus Katzen und selbstgemalter Kunst. Ein kleines Reihenhaus, in dem man niemals so viele Zimmer, so viel Platz vermuten würde.

Seit sechsundzwanzig Jahren sind Heike und Gerd schon Pflegeeltern. Zeitlich befristete Vollzeitpflege heißt diese besondere

Form der Bereitschaftspflege. Zwei Plätze haben sie dazu in ihrer Familie und oft waren es Geschwisterkinder, die sie aufgenommen haben. Manchmal sind es nur ein paar Tage, die ein Platz gebraucht wird, als Überbrückung oder für den Notfall. Meistens sind es einige Monate, die die Kinder und Jugendlichen bei ihnen wohnen und Teil der Familie werden. Es gab aber auch schon mal ein Kind, das zwei Jahre bei ihnen blieb. Wie lange es jedes Mal sein wird, hängt von vielen individuellen Umständen ab und stellt sich oft erst im Laufe der Zeit heraus. Heike und Gerd müssen flexibel sein.

Damals, vor fast dreißig Jahren, saß die ganze Familie zusammen, um die Entscheidung, »Bereitschaftseltern« zu werden, zu besiegeln. Auch das jüngste ihrer vier leiblichen Kinder hat in großen ungelenken Buchstaben seinen Namen als Unterschrift unter die Pflegevereinbarung gesetzt. Denn es war für Heike und Gerd von Anfang an vollkommen klar: Wenn auch nur einer nicht dahinterstehen würde, würden sie es nicht machen. Jährlich wird die Vereinbarung mit dem Hamburger Fachdienst für Pflegekinder und ihre Familien erneuert, und jedes Mal sitzen ihre eigenen Kinder mit am Tisch, um ihre Zustimmung zu erneuern – zumindest solange sie noch zu Hause lebten. Sie alle wollen diese Entscheidung bewusst miteinander treffen. Für die Familie ein wichtiges jährliches Ritual. Die offene und direkte Auseinandersetzung mit der Frage, was das für sie als Familie bedeutet. Alle werden gehört, jede Stimme zählt. Und dann die gemeinsame Unterschrift, die gemeinsame Entscheidung. Mit ihr wird besiegelt: Wir gehen ein weiteres Jahr gemeinsam auf diesem Weg. Das ist eine handfeste Vereinbarung, aber ebenso ist es auch ein symbolischer Akt der gemeinsamen Vergewisserung. Das hat ihnen all die Jahre Sicherheit und Stabilität gegeben. Eine Grundvoraussetzung als aufnehmende Familie, sagt Heike. Denn nur eine stabile Familie kann den Sturm im Mobile aushalten, wieder zur Ruhe kommen und so schließlich auch Stabilität für das Pflegekind bereithalten.

Gleichzeitig steckt in dem jährlichen Ritual aber auch ein Versprechen der Freiheit: Jede und jeder aus der Familie kann Nein sagen, wenn es nicht mehr passt, wenn die Kraft nicht reicht oder eine Pause nötig ist. Nächstes Jahr werden die Karten wieder neu gemischt. Und auch das gibt allen Sicherheit, weil der Rahmen für alle klar und überschaubar ist und die Freiheit des Ausstiegs sicher.

Im Laufe des Gespräches mit Gerd und Heike wird mir klar, wie wichtig dieser Aspekt ist.

»Eigentlich sind wir keine Menschen mit vielen Ritualen«, sagt Heike gleich zu Beginn, als ich mit ihnen am Tisch sitze. »Wir haben uns natürlich nach deiner Anfrage Gedanken gemacht ...«, stockt sie und überlegt. Dann sagt sie: »Ich finde, Rituale dürfen nicht zum Gefängnis werden.« Ich bin ein bisschen überrascht, denn ich hatte erwartet, in eine Familie zu kommen, in der feste Rituale eine wichtige Rolle spielen. Aber das ist ein wichtiger Gedanke, dämmert es mir dann. Denn es geht ja nicht um das Ritual an sich – es geht darum, ob Rituale für uns im Zusammenleben und als Individuen einen tieferen Sinn bereithalten und hilfreich sind.

Es ist spannend, mit Gerd und Heike über Sinn und Grenzen von Ritualen nachzudenken. Natürlich wissen sie, wie wichtig Sicherheit und Verlässlichkeit gerade für Pflegekinder sind. Sie kommen ja in aller Regel aus sehr schwierigen Situationen und Lebensumständen zu ihnen. Wenn sie in einem Umfeld voller

Unzuverlässigkeit, Haltlosigkeit und Unberechenbarkeit leben mussten, können Rituale einen unschätzbaren Wert entfalten. Sie machen erlebbar, was Sicherheit und Zuverlässigkeit bedeuten. Sie strukturieren die Zeit und schaffen Vertrauen. Sie verbinden alle, die diese Rituale miteinander pflegen. Durch ihren festen Rahmen mit Anfang und Ende können sie einen sicheren Raum schaffen, in dem auch verschiedene, womöglich widerstreitende Gefühle ihren Platz finden. Die Dankbarkeit, in Sicherheit zu sein, keine Gewalt mehr zu erleben, genug zu essen zu haben, mischt sich mit der Sehnsucht nach den leiblichen Eltern oder anderen Bezugspersonen. Angst, nicht zurückzukönnen in das bisherige Leben, geht Hand in Hand mit der Angst, irgendwann zurückzumüssen – oder überhaupt nicht zu wissen, was einmal kommt. Im Ritual findet diese ganze Gemengelage ein Ventil. Traurigkeit über das eigene Leid, das manchmal erst mit dem Abstand vom bisherigen Leben greifbar wird, wechselt sich ab mit glücklichen Erfahrungen der Geborgenheit, die Zuwendung und Rituale in der Familie auf Zeit schenken. Und mit Ritualen ist hier kein großes Brimborium gemeint: Es reicht, wenn alle gemeinsam am großen Tisch sitzen und jede:r Einzelne von seinem Tag erzählen kann oder wenn alle zum Spieleabend zusammenkommen und miteinander lachen und albern sein können. Oder die Zeit am Tag, die das Kind mit einem der Erwachsenen ganz für sich hat. Oder wenn eine Kerze am Abend angezündet wird mit einem Rückblick auf den Tag und der Frage: Was war schwer für dich heute, was war schön? Oder ein Abschiedsritual, das Platz lässt für gute und schlechte Erinnerungen. Viele Pflegefamilien, die ihre Pflegekinder auf Dauer bei sich haben, feiern jedes Jahr auch den Tag, an dem das Pflegekind zu ihnen kam, auf besondere Weise. An diesem Tag steht das Pflegekind ganz im Mittelpunkt. Zum Beispiel hängt eine »Herzlich Willkommen«-Girlande über dem Tisch. Der Stuhl ist wie ein Thron geschmückt. Durch die Anerkennung und Aufmerksamkeit spürt das Kind, wie wertvoll es ist. Das macht stark und lässt das Kind innerlich wachsen. Gleichzeitig ist aber auch Gelegenheit da, über den Schmerz und den Abschied zu sprechen oder zurückzublicken auf das, was das Kind erlebt oder sogar überlebt hat. Oft gehören ritualisierte Fragen dazu: »Mama, seit wann bin ich bei euch?« oder »Was hatte ich damals an, Papa? Wie war das, als ich kam?« und die große Frage: »Warum bin ich bei euch?« Eigentlich steht dahinter die universellste aller Fragen: »Wer bin ich? Und wie bin ich die geworden, die ich bin?« Viele »Weißt du noch ...?«-Geschichten bilden eine Perlenkette der Erinnerung. Und die kleinen und großen Rituale beim Ankommen, zu Weihnachten, das erste Mal auf der neuen Schule, eine Feier zum »Geburtstag in Abwesenheit« der leiblichen Mutter oder des Vaters, die Kerze am Abend bilden Fixpunkte darin.

Heike und Gerd kennen aber auch die andere Seite, haben direkt erfahren, wie schrecklich gefangen ein Kind in Ritualen aus der Ursprungsfamilie sein kann. Sie haben nicht nur einmal erlebt, dass Kinder nicht nur unglücklich sind, wenn vertraute Rituale nicht möglich sind, sondern abgrundtief verzweifelt. Wenn das geliebte Schnuffeltuch nicht mehr verfügbar ist oder die Wurst nicht mehr beim Lieblingsmetzger gekauft werden kann. Was banal klingt, ist es für diese Kinder ganz und gar nicht. Im Gegenteil, es brechen dabei ganze Welten in Trümmer, und für Heike und Gerd ist das dann nur schwer aufzufangen.

Für Kinder – und alle anderen auch –, die neu in ein schon fest bestehendes Gefüge kommen, ist es manchmal auch richtig schwer, ihre bisher vertrauten Rituale mit denen übereinzubekommen, die in der neuen Familie oder Gruppe gelebt und gefeiert werden. So können Rituale manchmal auch das Leben schwer machen und im schlimmsten Fall zum Gefängnis werden.

Heike und Gerd ist Freiheit wichtiger als feststehende Rituale. Als sie mir von einigen ihrer Pflegekinder erzählen, wird deutlich, dass sie statt unverrückbaren Ritualen eher eine Sensibilität für das Bedürfnis nach individuellen Ritualen entwickelt haben. Und wenn es feste Rituale gibt, dann dienen sie dazu, die Offenheit in ihrer Familie zu demonstrieren. So gehört zum Beispiel bei jedem Kind, das neu ankommt, dazu, dass sich bald alle gemeinsam um den Esstisch versammeln und es fragen: »Was magst du essen?« Wenn die Antwort jeden Tag nur »Nudeln und Ketchup« oder »Pommes« lautet, heißt das nicht, dass es das auch wirklich zu essen gibt. Der Sinn dieses Rituals ist ein anderer, denn auch Heike und Gerd sagen dann, was ihnen wichtig ist: »Wir möchten, dass du dich hier wohlfühlst. Aber wir haben auch den Auftrag, dich gesund zu ernähren.« Dann erzählen sie, was sie selbst gerne essen und was für sie zu einer guten Ernährung gehört. Gemüse zum Beispiel. Dann suchen sie einen Kompromiss. Nudeln mit Gemüse zum Beispiel. Je nach Alter des Kindes kann das aber auch ganz unterschiedlich aussehen, wie etwa bei dem jugendlichen Mädchen, das sich vegan ernährte. Heike hat ihr ein Kochbuch mit einfachen Gerichten besorgt und sie unterstützt, sich selbst Speisen nach ihrem Geschmack zuzubereiten. Manchmal haben die anderen auch davon probiert.

Zu den ersten ritualisierten Informationen gehört auch, dass »ihr« Haus jetzt selbstverständlich auch das Haus des Pflegekindes ist. »Darum darfst du auch jede Schublade öffnen. Dort drüben steht die Eistruhe. Wenn du Hunger auf Eis hast, nimm dir gerne eins. Sag uns nur kurz Bescheid …« Das sind mehr als ein paar Worte oder Informationen für den Neuankömmling. Diese Worte symbolisieren eine riesengroße Geste des Vertrauens. Fast wie eine Umarmung für das Kind, die es umschließt und in diesem neuen Raum annimmt. Dann lassen sie das Kind oder die Jugendliche erst einmal ankommen. Lassen Zeit. Hören genau hin und drängen zu nichts. So kann Vertrauen langsam aufkeimen und wachsen. Mit der Zeit entwickeln sich so ganz individuelle Rituale mit jedem einzelnen Kind. Sensibel spüren sie hin, was gebraucht wird. Ob das die tägliche Begleitung zur Schule mit dem NDR-Radio-Comedyformat »Frühstück bei Stefanie« ist oder das abendliche Vorlesen der Geschichten aus dem Adventskalender. Ob es die Diskussionen spät am Abend über die Grundfragen des Lebens sind oder die Gespräche am Esstisch. Aber auch wenn zum Beispiel das gemeinsame Essen mit allen an einem Tisch für das Pflegekind unerträglich ist und es lieber alleine in seinem Zimmer isst, ist das für sie vollkommen okay.

»Wir möchten, dass du dich hier wohlfühlst …« – das ist die Grundhaltung, mit der Heike und Gerd ihre Pflegekinder empfangen, die sie aber ebenso auch für sich in Anspruch nehmen und auch für ihre leiblichen Kinder. Dass ihre Kinder den Pflegekindern freundlich und respektvoll begegnen, war selbstverständlich. Aber keines ihrer Kinder musste mit den aufgenommenen Kindern befreundet sein. Manchmal entwickelte sich eine Freundschaft von ganz allein, es kam aber auch einmal vor, dass sie eine Pflegschaft beendeten, weil es einfach überhaupt nicht harmonierte mit ihren eigenen Kindern. Für sich selbst pflegen sie auch eine Regel: »Ab acht haben wir als Pflegeeltern Feierabend.« Natürlich sind sie noch ansprechbar bei Nöten, aber sie wollen auch sich selbst Ruhe gönnen nach einem anstrengenden Tag, sich mal mit Freunden treffen oder einfach zu zweit den Abend genießen. In der Regel akzeptieren das alle Kinder. Nur einmal geschah es, dass eines ihrer älteren Pflegekinder sich immer wieder stillschweigend dazusetzte, wenn Freunde vorbeigekommen waren, und den Gesprächen lauschte. Es verfolgte aufmerksam, was geschah, und beobachtete alles und alle genau. Die Jugendliche hatte zuvor auf der Straße gelebt und keinen Schulabschluss. Aber nach einer Weile brachte sie sich ein und trug mit klugen Gedanken zur Diskussion bei. Durch ihre Menschenkenntnis, die sie auf der Straße erworben hatte, konnte sie eine ganz besondere Perspektive in die Runde einbringen. Heike und Gerd ließen das zu und freuten sich daran, auch wenn ihr Acht-Uhr-Ritual eigentlich missachtet wurde. Aber es entstand ein neues, ganz individuelles Ritual nur mit diesem Mädchen.

Am Ende unseres Gespräches nimmt Gerd mich mit zur nächsten U-Bahn-Station. Gleich wird er seine aktuelle Pflegetochter von der Schule abholen – wie jeden Tag. Darauf ist Verlass. Als ich wieder in der Bahn sitze, denke ich über Heikes Satz nach: »Eigentlich sind wir keine Menschen mit vielen Ritualen.« Es klang am Anfang unseres Gespräches fast wie eine Entschuldigung, so wie: »Wir können dir leider nicht bieten, was du suchst.« Ich glaube, das stimmt so nicht.

Denn wenn ich mir noch einmal das Mobile vor Augen rufe, dann braucht es doch gerade etwas von dem, was Heike und Gerd mitbringen, wenn ein neues Element hinzukommt: erst mal abwarten, bis das wildeste Schaukeln sich beruhigt hat, Zeit lassen, zur Ruhe kommen lassen. Vielleicht muss ein bisschen entwirrt werden, wenn der Sturm zu heftig war. Dann: herantasten, mit Fingerspitzengefühl, und ausprobieren: Wie kommt das Mobile wieder in eine Balance? Und dann: nicht festhalten, sondern darauf vertrauen, dass es frei schwebt und tanzt.

Rituale tun gut, wenn es die richtigen sind. Welche das sind, müssen alle Eltern mit ihren Kindern ausprobieren, seien es Pflegeeltern mit Pflegekindern oder Eltern mit ihren Neugeborenen oder auch Familien mit dem neuen Hund oder eine WG gemeinsam mit der neuen Mitbewohnerin – und auch ein Team mit einem neuen Teammitglied führt am Anfang den Tanz im Mobile auf. Das braucht Zeit und auch Mut: auszuprobieren. Wir können Rituale auch wieder sein lassen, wenn sie nicht passen. Damit sind sie nicht grundsätzlich überholt und abgeschafft. Sie haben vielleicht nur gerade Pause. Schöpfen wir aus der Fülle der bekannten Rituale – egal ob Feste, Feiern oder kleine Gesten, und seien wir erfinderisch in individuellen Ritualen! Auch wenn sie manchmal gar nicht nach einem Ritual aussehen, enthalten sie womöglich eine symbolische und emotionale Bedeutung, die weit über die sichtbare Geste oder die gesprochenen Worte hinausgeht. So kann ein erstes Willkommen der Hinweis auf die Eistruhe sein. Und später ist dann vielleicht Zeit für ein Willkommensfest. Oder einen Familiensegen. Oder beides miteinander.

Was könnte deine Botschaft sein, den oder die andere willkommen zu heißen? Vielleicht die Führung durch eure Wohnung mit den entscheidenden Blicken hinter die Kulissen? Vielleicht das Schild, das du schon an den Briefkasten geklebt hast? Vielleicht das liebevoll vorbereitete Zimmer?

Wichtig: Lasst euch Zeit, eure Balance zu finden. Niemand muss auf Krampf zusammenkommen. Es ist okay, dass es dauert, bis sich wieder so etwas wie Normalität einstellt. Das gehört dazu. Mit Babys und kleinen Kindern findet sie sich meistens in der Struktur des Alltags. Mit älteren Kindern und Erwachsenen braucht es vielleicht auch besonders geplante Zeit: Gemeinsames Essen oder ein gemeinsamer Ausflug gibt euch vielleicht die Gelegenheit, euch besser kennenzulernen. Hilfreich und lustig kann auch sein, wenn ihr alle einen humorvollen »Beipackzettel« für euch entwerft und es einen Platz in eurem Zuhause gibt, wo ihr diese Beipackzettel ausstellt. Darauf kann gemalt oder geschrieben sein, was ihr besonders mögt. Was euch auf die Palme bringt. Worüber ihr lachen könnt. Was ihr gar nicht mögt. Was euch wichtig ist. Was eure Superheldenkraft ist. Und euer Superschurkenpotenzial.

Ein Ritual für dich

WILLKOMMEN IN DER FAMILIE

Nach einer Weile ist es vielleicht Zeit für ein Willkommensfest mit Nachbar:innen, Freund:innen und Verwandten – mit leckerem Essen, Musik und Zeit, Erinnerungen zu schaffen. Ihr könnt zu Beginn eine große Kerze gemeinsam mit Wachsstiften und Wachsplatten verzieren: eure Familienkerze, die euch immer wieder an dieses Fest und eure Verbundenheit erinnert. Zündet sie an und sprecht dazu vielleicht dieses Gebet:

»Gott,
du führst uns zusammen,
so verschieden, wie wir sind.
Es ist ein großes Glück, in dieser Welt nicht allein zu sein

und ein Zuhause zu finden.
Wir danken dir dafür.
Amen.«

Und dann könnt ihr euch gegenseitig segnen, das heißt im Grunde einfach, sich etwas Gutes zu wünschen. Dazu legt ihr euch die Hände auf die Schultern oder auf den Rücken und sprecht euch gegenseitig zu:

»(Hier sagst den Namen der Person, die du segnest) … schön, dass es dich in unserer Familie gibt. Gott segne und beschütze dich.«

Vielleicht möchtet ihr jetzt noch je eine kleine Kerze oder ein Teelicht für die anzünden, an die ihr gerade denkt und die nicht beim Fest dabei sind. Hier kann auch Platz für die Herkunftsfamilie sein, wenn es passt, oder für jemanden, der wichtig geworden ist im Adoptionsprozess oder bei der Pflegevermittlung. Vielleicht denkt ihr auch an jemanden, der nicht mehr bei euch ist, aber trotzdem eine wichtige Person für jemanden in der Familie war.

Unterwegssein, oder: Die Sehnsucht nach einem guten Weg

Meike Barnahl

Nach einem bewegenden oder manchmal auch ziemlich fulminanten, aber auch nach einem ganz sanften, leisen Aufbruch haben wir mal mehr, mal weniger gut in unseren eigenen Lebensreiserhythmus gefunden – mit uns selbst, beruflich, in unseren Beziehungen, Familien und Freundschaften.

Im Unterwegssein liegt eine ganz besondere Magie, und viel zu selten machen wir sie uns bewusst. Jede und jeder kennt den Kalenderspruch vom Weg, der das eigentliche Ziel ist. Was bedeutet das eigentlich? Aus unserer Sicht bedeutet es, dass wir den Fokus viel häufiger auf den Lebensweg an sich legen sollten, dass wir uns auf dem Weg bewusst machen sollten, wo wir stehen, mit wem wir gerade gehen, welche Richtung wir einschlagen.

Der Weg dieser eigenen Lebensreise ist manchmal malerisch schön, unser Glück beinahe nicht auszuhalten. Wir kommen hoch oben auf Gipfeln an und genießen den überwältigenden Ausblick, zum Beispiel, wenn wir eine Herausforderung gemeistert haben. Dann stehen wir dort, am Gipfel unseres Erfolgs, und blicken in die Ferne, wo wir einen Blick in die Zukunft erhaschen. Und wir schauen zurück: auf den steilen Anstieg und das, was wir schon alles geschafft haben, um hierher zu kommen! Momente von Lob und Jubel sind das – so viele religiöse Lieder erzählen davon, dass Menschen schon immer gespürt haben, dass ihr Leben immer auch *verdanktes* Leben ist. Dann richten sie auf Gipfeln Kreuze auf oder heften Blumen daran, weil sie spüren: Klar habe ich dafür gearbeitet, aber ob ich es verdient habe, liegt nicht in meiner Hand. Vor allem habe ich das geschenkt bekommen!

Manchmal wandern wir fröhlich an einem glucksenden Bach entlang. Verwunschen neigen sich die Weiden tief bis ins Wasser. Ein schillernder Eisvogel lässt uns staunen über die unfassbare Schönheit, in der wir unterwegs sein dürfen – geradezu göttlich! Im Leben gibt es viele Momente, die könnten eigentlich gerade nicht schöner sein, darum wollen wir sie voll auskosten und bewusst genießen. Wir halten an, breiten unsere Picknickdecke aus und feiern ein Fest. Zum Beispiel, wenn wir uns entscheiden zu heiraten, wovon wir in Erzählung 9 berichten. Vielleicht hättet ihr das Hochzeitsritual in Kapitel 1 unter »Aufbruch« erwartet, aber wenn wir ehrlich sind, gilt »Verliebt-verlobt-verheiratet« doch schon lange nicht mehr. Liebende sind heutzutage schon lange miteinander unterwegs, leben und schlafen miteinander. Wer heiratet, entscheidet also in erster Linie, sich des gemeinsamen Unterwegsseins zu vergewissern und den Segen dafür zu erbitten.

Manchmal auf unserer Wanderung im Leben merken wir aber auch, dass wir müde sind und dringend eine Pause brauchen. Wir müssen unsere Füße hochlegen und auf unseren Hunger hören, um neue Kraft für die nächste Etappe zu sammeln. Gemeinsam Rast machen und essen ist vermutlich die Mutter aller Rituale. Menschen versammeln sich seit jeher, um gemeinsam zu essen. Häufig bleiben wir dabei nicht untereinander, sondern laden auch fremde Menschen ein, teilen nicht nur unseren Proviant, sondern auch unsere Dankbarkeit. Nicht umsonst ist das Abendmahl in der christlichen Tradition ganz besonders wichtig geworden. Miteinander eine Mahlzeit teilen verbindet, schweißt zusammen, nährt nicht nur Körper, sondern auch Geist. Das gilt für ein einfaches Abendbrot genauso wie für große Festessen an langen Dinnertafeln. Essen und Trinken halten nicht nur Leib und Seele zusammen, sondern auch ganze Gesellschaften. Von solchen heiligen Mahlzeiten berichten wir in Erzählung 12.

Manchmal sind wir uns aber auch des Weges nicht mehr sicher, weil wir gar nicht mehr wissen, ob das Ziel überhaupt noch stimmt oder ob wir nicht vielmehr auf dem Holzweg sind. Wir geraten ins Straucheln, sind erschöpft, zweifeln alles und jeden an – und Gott oft ganz besonders. Dann ist es das Beste, erst mal anzuhalten, den eigenen Standort zu bestimmen und sich neu zu orientieren. Der Jahreskreis bietet dazu passenderweise ganz regelmäßig Gelegenheit. Weihnachten etwa oder Erntedank. Ganz besonders ist auch die Zeit der Neuorientierung zwischen Werden und Vergehen, in jedem Jahr aufs Neue: in den Raunächten rund um den Jahreswechsel. Von möglichen Ritualen in dieser Zeit handelt Erzählung 13.

Biografisch gesehen ist das Erwachsenwerden eine Zeit der Neuorientierung. Allerdings bleibt Erwachsenwerden eine lebenslange Aufgabe und endet nicht, wenn Jugendliche 18 Jahre alt werden und rein juristisch nun erwachsen sind. Im 19. Jahrhundert fiel die Konfirmation noch mit dem Abschluss der Volksschule zusammen. Da war irgendwie klar, dass jetzt der Ernst des Lebens beginnt. Und die Konfirmation war ein passendes Zäsurritual. Heute ist das anders – die Schule dauert in der Regel länger, die jungen Leute ziehen in der Regel frühestens mit der Volljährigkeit aus dem Elternhaus aus. Der erste Job lässt oft noch ein paar Jahre länger auf sich warten. Insofern verwundert es gar nicht, dass heute weitere Orientierungszeiten neben die klassischen Rituale wie Konfirmation, Jugendweihe oder Firmung getreten sind. Sie alle sind eine kleine Raststätte auf dem langen Weg zum Erwachsenwerden, nicht nur in der Pubertät, sondern manchmal auch mitten im Leben. Davon handelt Erzählung 8 »Auf der Slackline des Lebens«.

Auf vielen Lebenswegen sind wir nicht allein, sondern mit unseren Lieblingsmenschen unterwegs: natürlich mit der Familie, aber häufig eben auch mit Freund:innen, Nenn- und Patentanten, Nachbar:innen ... Solche selbst gewählten Verbindungen sind ungemein wichtig für uns als Individuen, aber auch als Gesellschaft. Emilia und ich finden: Sie sind in ihrer Bedeutung noch viel zu wenig sichtbar in unserer Gesellschaft und werden darum auch viel zu selten bewusst gefeiert, gestärkt und damit auch anerkannt. Unter Erzählung 10 »Wahlverwandtschaften« berichten wir deshalb auch von der Geschichte der polyamoren Beziehung von Claudia, Sonja und Maria. Denn wer sagt eigentlich, dass nicht auch neue Rituale etabliert werden können?

Manchmal wandern wir auch ganz allein. Das erfordert Stärke: sich selbst genug zu sein – und sei es nur auf Zeit. Bei sich selbst ankommen und sich annehmen – das ist auch oft eine lebenslange Aufgabe. In der Erzählung 11 »Sich selbst trauen« zeigen wir, was ein Ritual dazu beitragen kann. Das schließt auch die mitunter heiß diskutierte Transition mit ein.

Mittendrin im Unterwegssein gibt es noch viele weitere kleinere und größere rituelle Rastplätze, die hier den Rahmen sprengen würden. Manchmal gehören sie auch – je nach Perspektive – ins Aufbruchs- oder Abschiedskapitel: der Übergang aus dem Erwerbsleben in den Ruhestand etwa, staatliche Einbürgerungsfeiern oder auch die Meisterfeiern im Handwerk. Wichtig ist uns: All diese Rastplätze sind lohnend! Welche davon groß gefeiert werden oder an welchen du getrost vorbeilaufen kannst, liegt ganz bei dir. Dein Unterwegssein ist dein ganz persönlicher Weg, den du gestaltest – niemand sonst. Halt also die Augen offen.

Unsere erste Erzählung in diesem Kapitel (Erzählung 7) handelt von großen Gesten, denn besondere Zeiten im Leben brauchen manchmal auch ausladende körperliche Zeichen. Ein Kniefall ist so etwas oder die eigenen nackten Füße den Händen eines anderen Menschen anzuvertrauen. Jemand tut dir etwas Gutes, damit du weitergehen kannst. Auch das ein uraltes Ritual: Jesus hat es getan, und der Papst hat es auch getan. Und wir haben es getan – auf dem Hamburger Kiez. Und wir haben gemerkt: Solche Gesten können eine ganz besondere Wirkung entfalten, sie können Geschichten, ja manchmal sogar Zeitgeschichte schreiben.

Erzählung 7
Große Gesten. Über Rituale, die Geschichte(n) schreiben

Emilia Handke

Es gibt sie immer wieder: die großen Gesten – die Verneigung vor jemandem, der Bedeutsames geleistet hat; die ausgestreckte Hand, um einander ein Versprechen zu geben; eine Fahne, die auf Halbmast gesetzt wird ... Sie sind groß, weil in ihnen ein symbolischer Überschuss steckt: Es ist kein flüchtiger Moment, sondern irgendwie ein *sankt moment* – ein Moment, in dem viel mehr Gewicht steckt als die bloße Anzahl der Sekunden seiner Dauer.

Diese Gesten sind manchmal lange protokollarisch vorbereitet und öffentlichkeitswirksam inszeniert wie zum Beispiel der Kuss der Bibel oder die Verbeugung vor dem Adel bei der Krönung von König Charles III. Manchmal kommen sie aber auch spontan über uns. Dann entfaltet der Moment selbst eine zwingende Dringlichkeit, der wir uns nicht entziehen können, der wir uns beugen müssen. So muss es wohl am 7. Dezember 1970 in Warschau gewesen sein, als der damalige deutsche Bundeskanzler Willy Brandt nach Polen reiste, um dort den Warschauer Vertrag zu unterzeichnen, der das Verhältnis zwischen der Bundesrepublik Deutschland und der Volksrepublik Polen regeln sollte. Als ein Programmpunkt dieses Staatsbesuchs war eine Kranzniederlegung am Ehrenmal für die Helden des Warschauer Ghettos geplant. Nachdem Brandt die Schleifen des Kranzes zurecht gezogen hatte, trat er auf dem nassen Granit einen Schritt zurück und sank dann plötzlich – völlig unerwartet – auf die Knie. Für den Bruchteil einer Sekunde dachten Reporter an einen Sturz, an ein Attentat gar, aber Brandt kniete einfach. Er legte die Hände vor seinem Bauch übereinander, senkte den Kopf und verharrte einige Sekunden in dieser Position. Dieses Bild ging fortan um die Welt – die Geste wurde als Bitte um Vergebung für die deutschen Verbrechen des Zweiten Weltkriegs verstanden und daraufhin kontrovers diskutiert. Heute wird sie als entscheidender Beitrag der Entspannung des Verhältnisses zwischen Deutschland und Polen bewertet. Brandt selbst wurde oft danach gefragt, was damals in ihn gefahren sei:

»Immer wieder bin ich gefragt worden, was es mit dieser Geste auf sich gehabt habe. Ob sie etwa geplant gewesen sei? Nein, das war sie nicht. Meine engen Mitarbeiter waren nicht weniger überrascht als jene Reporter und Fotografen, die neben mir standen, und als jene, die der Szene ferngeblieben waren, weil sie ›Neues‹ nicht erwarteten. [...] Ich hatte nichts geplant, aber Schloss Wilanow, wo ich untergebracht war, in dem Gefühl verlassen, die Besonderheit des Gedenkens am Ghetto-Monument zum Ausdruck bringen zu müssen. Am Abgrund der deutschen Geschichte und unter der Last der Millionen Ermordeten tat ich, was Menschen tun, wenn die Sprache versagt.«[5]

Rituale haben genau damit zu tun: dass etwas Besonderes zum Ausdruck gebracht werden muss, aber Sprache dabei an ihre Grenzen kommt. Es braucht den Körper, der sich mit dem Moment verbindet, ihn trägt – das ist bei Taufe, Trauung und Bestattung die segnende Hand, beim Abendmahl das Teilen und Weiterreichen von Brot und Wein, beim Singen der Nationalhymne manchmal die Hand, die aufs Herz gelegt wird. Vielleicht kommt der Ausdruck, dass etwas »verkörpert« werden muss, daher. Da müsste man mal das etymologische Wörterbuch bemühen. Auf jeden Fall aber hat es etwas damit zu tun.

Solche Gesten sind auch Rituale, alte Raststätten der Menschheit, die Bedeutsames transportieren. Der Kniefall von Warschau wird in der Geschichte wahrscheinlich nie an derselben Stelle wiederholt werden, aber Kniefälle haben Menschen durch die Geschichte hindurch immer wieder als Geste der Demut unternommen. Da macht sich einer klein, steht nicht mehr auf Augenhöhe, sondern begibt sich zu Füßen eines anderen, in Bodennähe. Meike und ich glauben, dass es sich lohnt, sich mit diesen Gesten wieder stärker zu beschäftigen. Gesellschaftlich und als Kirche allemal! Leider sind wir gerade als Kirche aus unserer Sicht manchmal zu zögerlich, diese Gesten zu stark in die Öffentlichkeit zu bringen.

Weil wir aber keine zögerliche Kirche sein wollen, hat mein Vikariatskurs im Jahr 2017 die *Pop Up Church* gegründet, die mitten im Leben auftaucht – als »Kirche da, wo du bist«. Wie *st. moment* wurde dann auch die *Pop Up Church* ein wichtiges Projekt von »Kirche im Dialog« – dem Innovationszentrum der Nordkirche, das ich in den letzten Jahren aufbauen durfte. Meike hat sich irgendwann von dieser Idee anfixen lassen. Seitdem sind wir auch dort oft gemeinsam unterwegs. Einmal haben auch wir uns dabei eine große Geste zum Thema gemacht – das war 2022 am Gründonnerstag. Das Johannes-Evangelium erzählt, dass Jesus seinen Jüngern zum Abschied die Füße gewaschen hat. Und in Johannes 13,14f heißt es: »Wenn nun ich, euer Herr und Meister, euch die Füße gewaschen habe, so sollt auch ihr euch untereinander die Füße waschen. Denn ein Beispiel habe ich euch gegeben, damit ihr tut, wie ich euch getan habe.« Im Grunde packt Jesus da eine ganze Weltsicht in eine einzige Geste: nicht mit Füßen treten, sondern sie einander waschen. Nicht Krieg führen, sondern einander dienen.

Meike und ich und noch einige andere Kolleg:innen haben uns auf die Hamburger Reeperbahn gewagt. Unter dem Motto »Jesus spricht: Ich bin von Kopf bis Fuß auf Liebe eingestellt!« haben wir uns mit drei Stühlen und mehreren Emaille-Schüsseln an den Platz vor der Davidwache gestellt und die Passant:innen zu einer Fußwaschung eingeladen. Ehrlich gesagt ist das ein ziemliches Wagnis. Und wir waren am Anfang echt unsicher, ob Menschen tatsächlich dazu bereit wären, sich von uns Pastor:innen die Füße waschen zu lassen. Vor aller Augen Schuhe und Strümpfe auszuziehen – sowas machen wir sonst nur beim Arzt oder in der Fußpflege. Dort ist der legitimierte Ort fürs Entblößen von Hornhäuten und Schwielen, von Druckstellen und Hühneraugen. Aber hier, mitten auf dem Kiez, im Gewühl aus Feierwütigen? Schuhe ausziehen und »Zeigt her eure Füße!« – das ist jedenfalls kein Kinderspiel. Wir haben uns nach zähem Ringen in der Vorbereitung dazu entschieden, der Geste Jesu zu vertrauen.

Was wir dann aber von 20 Uhr bis Mitternacht auf der Reeperbahn erlebt haben, hat uns alle überwältigt. Über 40 Menschen haben sich vertrauensvoll auf unsere weißen Klappstühle gesetzt. Die Zaungäste konnten wir schon gar nicht mehr zählen! Ein junger Arzt hatte von unserer Aktion im Radio gehört, kam mit seiner Freundin vorbei, um vor dem Abflug zu einer Dienstreise am nächsten Tag noch einen gemeinsamen Abend zu erleben. »Ich stand heute acht Stunden im OP, ohne Pause … und das tut sooo gut!«, schwärmt er. Eine junge Frau fragt neugierig: »Was kostet das?« – »Das kostet gar nichts!«, sagen wir. »Aber wo kann man denn jetzt was spenden?«, entgegnet sie ungläubig. »Nein, es geht auch nicht ums Spenden. Wir machen das einfach so.« Ihre Augen leuchten: »Das finde ich toll!« Und als ihre Füße gewaschen sind: »Das ist so schön gewesen. Ich … bin … dankbar!« Dazwischen immer wieder heißes Wasser holen in den umliegenden Kneipen. Zum Beispiel bei Burger King. Das lief ungefähr so: »Es ist Ostern und wir kommen von der Kirche. Heute ist Fußwaschung. Dafür bräuchten wir heißes Wasser.« Bei Burger King gibt man weiter: »Der Christ braucht Wasser!« Als wir die Eimer die Straße entlangtragen, raunt einer: »Achtung, der trägt heiliges Wasser!«

Ein älterer Herr kommt mit einer Frau aus dem südlichen Mecklenburg. Auch sie hatten im Radio davon gehört. Er ist so gerührt, dass seine Augen nass werden. Er erzählt mir davon, wie der Glaube in ihm langsam gewachsen ist und dass man seiner Mutter in der Gemeinde die Füße eingerieben hätte kurz vor ihrem Tod. Daran erinnere ihn das jetzt. Eine Kollegin versucht, einen Mann dafür zu werben, ihm die Füße waschen zu dürfen. Der ist erst zögerlich. Sein Freund setzt sich derweil auf die Stufen an der Davidwache, um zuzuschauen. Als alles vorbei ist, hat sich etwas verändert: Der junge Mann sagt: »Dann will ich dir jetzt aber auch die Füße waschen!« Irgendwie verlangt diese Geste für ihn Gegenseitigkeit …

Einen anderen, er ist vielleicht Anfang vierzig, spreche ich an. Er ist – wie so viele – überraschenderweise sofort dazu bereit. Sein Freund, der ihn begleitet hat, setzt sich hinter uns auf die Stufen und lauscht der Musik. »Seid ihr von der katholischen

Kirche?«, fragt er. Nein, wir sind evangelische Pastor:innen, die meisten von uns. »Ich muss euch sagen, ich bin ausgetreten.« Stille. »Nicht wegen Missbrauch, sondern weil ich so viel gebetet habe, und es hat nichts gebracht. Meine Frau ist vor einem Jahr gestorben.« Ich wasche schweigend weiter, versuche seine Füße mit Öl zu streicheln und nicht nach irgendwelchen dann doch nicht passenden Worten zu suchen, sondern mich ganz der Geste hinzugeben. Hinterher sage ich dann ungefähr sowas wie: »Das hier heute ist für dich. Weil dir Gutes geschehen soll.« Benommen stolpert er weg, kommt zurück und sagt: »Vielleicht trete ich bei euch wieder ein. Ich finde das so toll, was ihr macht. So toll. So toll!« Manche stehen nur dabei. Wollen sich nicht setzen, keine Bonbons und auch keine Ankerherz-Tattoos haben – Goodies, die wir zusätzlich verteilen. Aber sie wollen uns supporten. Überhaupt sind da viele Menschen, die die Geste zu Tränen rührt. Und unser Eindruck: Die Leute verändern sich durch die Geste. Manches fällt von ihnen ab.

Zwischendurch sieht man manchmal einen von uns beten: für Verstorbene, die Person selbst oder dafür, dass Putin endlich diesen Krieg beendet. Manche umarmen uns und rufen uns zu: »Es war schon jetzt das Schönste an dem ganzen Wochenende!« Oder: »Zwei Tage Hamburg. Und das jetzt war das Allerschönste! Das sag ich euch! In nomine Patris et Filii, et Spiritus Sancti.« Oder auch: »Also ich wollt euch fünf Euro schenken. Weil das ist geil, dass ihr das macht! Und da oben auf der Meile ist es viel teurer!«

Vielleicht denkst du jetzt: Das ist ja nix für zu Hause! Das kann ich nicht nachmachen – das ist mir »zu groß«. Dann nimm dir eine Schüssel oder einen Eimer und probier's bei deinem

Freund, deiner Freundin aus, nach einem langen Tag, an dem er oder sie nur gestanden hat, oder bei deiner Großmutter am Abend, deinem Bruder, deiner Nichte. Vergiss den Schaum nicht und binde dir eine Schürze um, damit du nicht nass wirst. Schweig, während du das tust, und lass den Gedanken der anderen freien Lauf. Ihr werdet euch hinterher anders begegnen! Es ist eine Geste, die Geschichte(n) neu und umschreibt, die schon immer verwandelt hat: Sklavinnen in Freie, Bettler in Könige, Eilige in Erfüllte.

Erzählung 8
Auf der Slackline des Lebens. Neue Rituale zum Erwachsenwerden

Emilia Handke

Gut Kragenhof ist ein ehemaliges Klostergut, das nördlich von Kassel am Rande einer engen Schleife der Fulda liegt.[6] Es ist über 800 Jahre alt und seit über 30 Jahren im Besitz der Familie Merz. Einer Familie mit reformpädagogischer Tradition im Blut. Die drei Geschwister Katharina, Nicolas und Julian führen den Bioland-Betrieb in zweiter Generation. Sie betreiben ökologische Landwirtschaft, eine Gutsbäckerei und eine Mobilstall-Haltung von 2.400 Legehennen. Fünf Monate im Jahr vermieten sie ihr Anwesen aus 20 Gästezimmern, einem Atelier, einer Holzwerkstatt, einem Kaminzimmer mit Klavier, einer Scheune, einem Wald und einem Badesteg an den »Bachelor of Being« – kurz »BoB« genannt. 25 junge Menschen wohnen dann bei ihnen auf dem Hof – durchgehend. Sie schauen den Hennen zu und stellen die uralte Frage, wo der Kreislauf des Eis wohl startete; sie philosophieren in Hängematten, die sternförmig zwischen Bäumen aufgespannt sind; sie liegen sich an der Feuerstelle zu Liedern, die die Welt bedeuten, im Arm und versuchen, auf der Slackline ihr Leben zu balancieren.

Jakob ist einer von ihnen. Er ist vielleicht 20 und wünscht sich, endlich ein Ziel zu finden, für das es sich zu leben lohnt. Das angefangene Physikstudium hat ihn ratlos zurückgelassen. Als sie in einer Einheit des BoBs Kartons über ihr Inneres und ihr Äußeres gestalten sollten, lese ich bei ihm zwei Sätze über sich selbst: »Ich bin zärtlich« ist der eine. »Ich bin ekelhaft« ist der andere. Hier kommen Menschen hin, die nach einer existenziellen Orientierung suchen. Von Flensburg bis Berchtesgaden, von Aachen bis Frankfurt/Oder. Viele haben, wie Jakob, ein Studium oder auch eine Ausbildung abgebrochen und suchen nun nach etwas, was sie dauerhaft erfüllt, sie hält, ihnen ihre Energie zurückgibt. Die Teilnehmer:innen sind zwischen 18 und 25 Jahre alt und bezahlen dafür ungefähr 750 Euro pro Monat – das sind lediglich die Kosten für Essen und Wohnen. Eine zusätzliche Kursgebühr kostet der BoB nicht. Weil die Veranstalter:innen wollen, dass Bildung allen zugänglich ist. Das pädagogische Programm und die Organisation drum herum werden von Stiftungen, Unternehmen oder auch durch private Spender:innen getragen. Träger ist eine gemeinnützige Gesellschaft, eine Art Social Start-up. Sie wurde eigens für den Bachelor of Being ins Leben gerufen.

Imke-Marie Badur ist die Gründerin des BoBs und dessen pädagogische Leiterin. Eigentlich arbeitet sie an der Uni Kassel. Junge Menschen dazu zu ermutigen, ihrem inneren Ruf zu vertrauen und sich zugleich handfest zu qualifizieren, um mit ihrem Engagement die Welt zu verändern – das ist Imkes Mission. Die Idee für so einen Kurs kennt sie aus Skandinavien. Dort gibt es so etwas seit ungefähr 150 Jahren. In Norwegen besuchen etwa zehn Prozent aller Schulabgänger:innen eine solche Einrichtung, ebenso wie Menschen, die sich eine Auszeit nehmen. Ein Vorbild des BoBs ist auch das Projekt »Moving Times« am Evangelischen Bildungszentrum in Hermannsburg. Dort hat Imke-Marie ihre ersten Erfahrungen gesammelt. Den BoB bezeichnet sie jedoch als »transreligiös«. Die meisten jungen Menschen, die zum BoB kommen, hätten sich niemals zu einem kirchlich getragenen Programm angemeldet, sagt sie. Die

Kirche rieche für sie nach Mission, und der Glaube klinge nach einem von Menschen erdachten Trost, um den tiefsten inneren Schmerz oder die Leere nicht fühlen zu müssen.

Es sind große Fragen, die der BoB bewusst stellen möchte: »Wie funktioniert Gemeinschaft?«, »Wie können wir die Welt verändern?«, »Wie willst du wirklich leben?« und »Was steckt in dir?«. Das Team will mit den jungen Menschen in diesen fünf Monaten das Große im Kleinen ausprobieren. Bereits der allererste Tag beginnt mit einem Ritual: Alle stehen im Kreis. Im Hof vor den Steinmauern unter dem Blätterdach und den Efeuranken. Jakob, Aaron, Barbara und all die anderen, ihre Begleiter:innen, die sie hierhergebracht haben und nun für fünf Monate »Leb wohl« sagen sollen – und natürlich das Team des BoB. Imke-Marie lädt die Begleiter:innen ein, sich hinter den Menschen zu stellen, für den sie heute mitgekommen sind. Zu den Heranwachsenden sagt sie: »Die Person, die hinter dir steht, symbolisiert so ein bisschen das Leben, dem du das zu verdanken hast, warum du jetzt hier in diesem Kreis stehen darfst. Und da ist zuerst einmal eine Mutter, die dich geboren hat, da sind Eltern und andere Menschen, die dich begleitet haben. Und dann fühl mal in dich hinein, wie das jetzt ist, hier zu stehen. Eigen-ständig. Und dann drehst du dich einmal um zu den Menschen, die dir gerade den Rücken gestärkt haben. Und wenn du magst, kannst du Danke sagen. Danke, dass du mich begleitet hast bis hierher. Dass ich so viel Glück hatte im Leben, dass ich jetzt hier sein kann.« Es ist ein sehr emotionaler und dadurch auch irgendwie heiliger Moment. Man sieht manche tief durchatmen. Andere weinen. Wieder andere liegen sich minutenlang in den Armen. Hier scheinen sich große Hoffnungen und auch manche Verzweiflung Bahn zu brechen.

Solche Rituale sind wichtig in den fünf Monaten des gemeinsamen Lebens. Zur Bewusstwerdung. Jeder Tag beginnt dann mit einer morgendlichen Meditation, die helfen soll, zu spüren: »Ich bin da. Ich bin richtig hier. Egal, was kommt. Ich schaue dem Leben ins Auge.« Wolf, der die Meditation leitet, erklärt das so: Mit so einem Ritual könne man versuchen, Resilienz zu stärken, damit man bei einem Rückschlag nicht gleich zusammenbricht. Sondern annehmen kann, was kommt. Das kann man einüben, und das tun sie hier. In dieser Zeit auf dem Kragenhof sind auch die Rituale wichtig, die die jungen Menschen im Laufe ihres Lebens für sich selbst gefunden haben. Barbara zum Beispiel geht Eisbaden. Immer dann, wenn ihr die Decke auf den Kopf fällt. Alles zu eng wird. Sie ihren Atem vergisst. Also macht sie das auch hier. Steigt nach einem langen Spaziergang durch den Wald bei Schneeregen in die Fulda und mischt sich langsam unter die Schwäne. Das tut ihr gut. Sie nennt es »ihre Ressource«.

Ursprünglich bedeutet »Bachelor« übrigens »Knappe« oder »junger Ritter«. Für das Team geht es beim BoB entsprechend um einen Kampf für das bewusste Sein. Im ersten Moment mag das Wort »kämpfen« an dieser Stelle vielleicht befremdlich klingen. Aber wenn man die Teilnehmer:innen beobachtet, dann sieht man, dass das Wort seine Berechtigung hat: Für viele hier ist das Leben ein Kampf mit den Anforderungen der Welt, aber auch mit sich selbst. Jakob zum Beispiel wird von ziemlichen Absolutheitsansprüchen gequält. Früher hätte man sowas vielleicht als Dämonen bezeichnet. Die flüstern dann: »Wenn du nicht alles gibst, dann ist dein Leben sinnlos …« Es sei kein Wunder, dass man an solch hohen Selbstansprüchen scheitere, sagt Imke-Marie. Für sie geht es deswegen beim BoB vor allem darum, dass die jungen Menschen lernen, dass Verschiedenes gleichzeitig richtig sein kann, dass man im Leben häufig balancieren muss. Aaron übt das nicht nur im übertragenen Sinne, sondern nähert sich diesem Gefühl in echt. Jeden Morgen versucht er sich auf der Slackline und trainiert das Gefühl, seinem Ziel Schritt für Schritt ein bisschen näher zu kommen. Andere lassen sich blind durch den Wald führen, um zu lernen, Kontrolle abzugeben. Zwischendurch musizieren sie oder liegen in der Abendsonne auf dem Steg. Sie kochen und putzen selbst, einmal pro Woche arbeiten sie auf dem Hof mit. Jeden Tag haben sie fünf Stunden thematisches Programm, planen ihre Zukunft, gehen ihre Kindheit durch, suchen in ihren Erinnerungen nach Menschen, die sie geliebt haben und von denen sie geliebt worden sind. Sie fragen einander: »Wogegen kämpfst du?« Immer wieder. Bis sie immer tiefer an die Schichten des eigenen Selbst herankommen.

Es gibt verschiedene Orientierungszeiten im deutschsprachigen Raum, von ganz unterschiedlichen Anbietern – vom Unternehmen bis zur Zirkusschule. Auch die Konfirmand:innenarbeit und der Firmunterricht im Alter von 13 bis 15 Jahren wollen so eine Zeit sein, die jungen Menschen dabei hilft, Orientierung im Leben zu finden. Alle, die dort mitarbeiten, sind der festen Überzeugung, dass der christliche Glaube mit seinen Werten und mit seinen Ritualen dabei helfen kann. Ich kenne Kolleg:innen, die grandiose Konfi-Arbeit anbieten, die sich ein Bein ausreißen, um mit den Jugendlichen gemeinsam zu übersetzen, was diese alten Traditionen heute für sie bedeuten können. Und zum Beispiel mit Paddelbooten in See stechen, über den Tod nachdenken oder ein Krimi-Dinner veranstalten. Obwohl die Konfi-Arbeit grundsätzlich für alle Jugendlichen offen ist – egal, ob sie getauft sind oder nicht –, kommen zu ihr fast nur junge Menschen, die einen familiären Bezug zum Glauben haben. Sei es, dass die Eltern selbst vor vielen Jahren einmal konfirmiert worden sind und »das« irgendwie weitergeben wollen. Sei es, dass die Großmutter in ernsten Momenten erzählt, dass es Lebenssituationen gibt, in denen nichts anderes hilft als der Glaube an Gott. Ob man als Kind einmal – in der Regel auf Wunsch der Eltern – getauft worden ist, ist dabei so etwas wie ein Erkennungszeichen, das besagt: »Konfi-Arbeit könnte auch ein Weg für mich sein.«

Dieses biografische Verbindungszeichen fehlt bei vielen Jugendlichen aus Ostdeutschland. Konfirmation und Firmung kommen für sie auch deswegen nicht infrage, weil in vielen Familien die christliche Tradition im Zuge der religionsfeindlichen Politik der DDR über die Jahre vollständig weggebrochen ist. Um hier wieder Vertrauen zu schaffen, hat sich der Priester Reinhard Hauke von der katholischen Kirche in Erfurt vor ungefähr 25 Jahren ein Ritual ausgedacht: eine Feier der Lebenswende für Jugendliche, die zwar ohne Kontakt mit Kirche aufgewachsen sind, aber etwas anderes als die Jugendweihe suchen. Die war damals das offizielle Staatsritual, und viele Eltern, die damals eher zwangsläufig mitgemacht haben, suchen heute nach etwas, bei dem man sich stärker mit dem eigenen Leben auseinandersetzt und nicht nur am Ende eine große Party feiert. In Halle an der Saale erreicht dieses Angebot der Lebenswendefeier mittlerweile an die 800 Jugendliche in jedem Jahr. Was auch hier einmal an einem katholischen Gymnasium begonnen hat, ist heute eine ökumenische Initiative für die ganze Stadt. Die Jugendlichen beschäftigen sich in den vier Vorbereitungstreffen mit ihrem Leben, ihren Wünschen, Hoffnungen und Träumen. Sie suchen innerhalb einer kleinen Gruppe nach dem, was trägt – sie selbst und die Welt, die sie umgibt. Manchmal haben sie den katholischen Diakon Reinhard Feuersträter, der diese Arbeit lange verantwortet hat, am Rande der Stunden schon gefragt: »Glauben Sie da wirklich dran, an Gott?« Andere wollten wissen, ob sie Schweigepflicht beantragen können wie bei Ärzt:innen: »Sie sagen doch niemandem, was ich Ihnen anvertraut habe, oder?« Nach einer Einheit zum Segen fällt mitunter die Frage: »Glauben *Sie* denn daran?« Und auf das ruhige Ja folgt dann ein beruhigt gemurmeltes »Das ist gut ...« der Jugendlichen. Es ist gut, wenn jemand anderes das tut, was ich selbst vielleicht nicht – oder noch nicht? – kann.

Als ich meine Doktorarbeit geschrieben habe, bin ich sehr oft zu diesen Feiern – die sich überall in den neuen Bundesländern verbreitet haben – gefahren, um Interviews zu führen, Aufzeichnungen zu machen, Einblicke zu bekommen in diese Segensorte, wie ich sie gerne nenne. Viele Stunden verbrachte ich im Zug, aber es war ungeheuer faszinierend für mich, dass an jedem Samstag von April bis Juni immer Hunderte Menschen in die alte baufällige Moritzkirche in Halle strömten, die mit Kirche sonst kaum etwas am Hut haben. Hier war irgendwie Vertrauen entstanden. So ähnlich wie beim BoB. Wichtig sind an vielen dieser Feiern die selbstgestalteten Kerzen der Jugendlichen, auf denen Symbole für ihre Wünsche und Träume festgehalten sind. Die standen auch in Halle immer ganz vorne. An dem Rednerpult im Altarraum klebte ein selbstgemaltes Lebenshaus von Paul. Dort hat er gemalt, was in den Keller, in den Schornstein oder das Fundament seines Lebenshauses gehört. »Familie« ist dabei ein groß geschriebenes Wort im Fundament. Es hat mich gerührt, wie unsicher die Jugendlichen damals hinter Reinhard in die Kirche hineingestolpert sind. Irgendwie bleibt es auch ein fremder Raum, der ihnen ziemlich viel Respekt einflößt. In der Begrüßung erzählt Reinhard, mit welchem Einsatz die Jugendlichen ihre eigenen Kerzen gestaltet hätten. Es sei jener Nachmittag gewesen, an dem keiner von ihnen gefragt hätte: »Wie lange machen wir heute eigentlich?«

Ein wichtiges Element der Feier der Lebenswende ist auch die gegenseitige Vorstellung der Jugendlichen. Danach legen sie einen Gegenstand ihrer Kindheit in eine Schatztruhe des Lebens, um sich symbolisch von dieser Zeit zu verabschieden. »Ein neuer Lebensabschnitt liegt vor euch, manches davon erahnt ihr bereits, manches liegt noch im Dunkeln. Ihr habt Kerzen gestaltet, eure Kerze soll euch Licht und Hoffnung geben auf eurem Weg, aber auch ihr selbst sollt ein Licht sein. Manche Dinge werden nur durch euch mit auf den Weg gebracht.« Reinhard strahlt Ruhe aus und führt sie Schritt für Schritt durch dieses Ritual an diesem alten Ort. Nacheinander werden ein Buch, ein Kuscheltier oder ein Armband abgelegt, aber auch die ersten Schuhe oder ein Spielzeugritter namens »Kunibert«. Anschließend holen die Jugendlichen einzeln ihre Kerzen vom Tisch und geben sie Reinhard, der sie an der Osterkerze entzündet: »Du bist einmalig, und dein Leben ist einzigartig. Lebe dein Leben mit allen Sinnen und trage deinen Teil dazu bei, damit diese Welt menschlicher und friedlicher wird. Du bist Licht in dieser Welt.« Sie nehmen die Kerze wieder entgegen und sprechen ins Mikrofon, was sie sich für ihren weiteren Weg im Leben wünschen. Dabei kommt gehäuft der Wunsch nach einer »glücklichen Familie« vor, auch ein guter Schulabschluss und ein erfüllender und gut bezahlter Job sowie generell die Sehnsucht nach »einem schönen Leben«. Daneben aber auch Wünsche wie »Mit offenen Augen durch die Welt gehen und viele großartige Dinge entdecken« und »Ich möchte mehr lernen über Gott«.

Nach einer Geschichte über einen Adler im Hühnerstall, vorgelesen von einem Mädchen, sagt Reinhard, was er der Gruppe daraus mitgeben möchte: »Seid ein Original und keine billige Kopie eures eigentlich unverwechselbaren Wesens!« Man spürt, dass er jede:n Einzelne:n gesehen hat und dass er allen zur Seite stehen will, weil er weiß: Erwachsenwerden ist eine komplizierte Angelegenheit. Auch eine Elternvertreterin hält eine Rede, die mit den leidenschaftlichen Worten an ihre eigenen Kinder endet: »Solange ich stehe, kämpfe ich für euch, solange ich atme, verteidige ich euch, solange ich lebe, liebe ich euch.« Dem Sohn in der ersten Reihe, dessen Blick sie immer wieder sucht, ist das natürlich peinlich. Und trotzdem wird auch er gleich nach vorne gehen, um sich bei seiner Mutter mit einer Rose zu bedanken – dafür, dass sie da ist. Der Altarraum ist plötzlich von Leben erfüllt, nebenbei spielt Musik, die Familien herzen sich, einige weinen. Als das Treiben vorbei ist, ruft Reinhard jeden einzeln noch einmal nach vorne und überreicht die Urkunden. Und dann kommt das, nach dem viele Eltern beim ersten Elternabend gefragt haben: »Was ist das genau – ein Segen? Wird mein Kind dabei missioniert?« Die Jugendlichen stellen sich etwas unsicher um den Altar herum, auf dem ihre brennenden Kerzen stehen. »Wir machen es jetzt genauso, wie wir es verabredet haben«, raunt ihnen Reinhard zu. Er legt sich eine bunte Stola über die Schultern und spricht ruhig und in sich gekehrt: »Ich möchte euch nun etwas von dem mitgeben, was mir wichtig ist im Leben.« »Mir wichtig«, sagt er, indem er seine Hände auf sich selbst richtet, und er sagt es nachdenklich. Keiner scheint sich daran zu stören, allerdings ist es auch nicht gerade besonders still in den Kirchbänken. »Gott ist für viele von euch ein fremder Begriff, aber man kann ihn auch nennen: Was sich manchmal still in euch meldet …« Er versucht, ihnen zu beschreiben, was Christ:innen als die Stimme Gottes beschreiben. Um den Segen, nach dem sie sich sehnen, möchte er Gott bitten. Segen heiße, dass »Gott euch Gutes zusagt«. Ich sehe ihn, wie er die Hände erhebt, damit die Kraft des Guten durch ihn durchfließt. Und dann sagt er zu den Jugendlichen leise: »Ihr wisst, wenn irgendetwas ist, ihr könnt euch immer an mich wenden.« Es entsteht ein sehr intimer Moment zwischen ihm und der Gruppe, den die Anwesenden nicht teilen können – denn der Zirkel dort vorn ist geschlossen und bleibt es, bis die letzten Töne vom letzten Lied verklingen.

Reinhard ist mittlerweile gestorben. Die Feier der Lebenswende haben in der katholischen und evangelischen Kirche andere übernommen. Es ist die Initiative zum Erwachsenwerden, an der in Halle an der Saale die meisten Jugendlichen teilnehmen. Viel mehr als an Jugendweihe, Konfirmation oder Firmung. Auffällig fand ich immer, dass die Jugendlichen Reinhard etwas geglaubt haben, ohne selbst daran zu glauben. Dass er so eine Art Expeditionsleiter war in eine fremde Welt. In ihm trat Kirche für die Jugendlichen im Modus der Authentizität auf: »Wenn ich dich nach dir frage, etwas von deinen Vorstellungen und Wünschen annehme, dann kannst du vielleicht auch Bilder von mir annehmen, die mir wichtig sind.« Das war eine »Glaub-Würdigkeit« durch die Haltung, die er ihnen entgegenbrachte. Damit gab er Gott für sie ein Gesicht.

Der Bachelor of Being oder die Feier der Lebenswende sind nur zwei Übergangsrituale von vielen. Neben Jugendweihe und den kirchlichen Ritualen gibt es auch geschlechtsspezifische wie Phönixzeit oder Drachinzeit. Andere machen eine Reise. Ungefähr die Hälfte aber auch gar nichts. Vielleicht, weil sie das Gefühl haben, sich weder zu Jugendweihe noch zu einer der beiden Kirchen innerlich zugehörig zu fühlen. Vielleicht ist es aber auch der Übergang selbst, an den sie ein Fragezeichen setzen. Für manche kommt dieser erst viel später oder immer wieder in Zyklen. Meine Freundin Hanna zum Beispiel hat jüngst eine Visionssuche im Wald gemacht. Drei Tage hat sie sich darauf vorbereitet und versucht, sich von ihrem Alltag mitsamt seinem eisernen Hamsterrad zu lösen. Im Wald war sie dann vier Tage und vier Nächte alleine und hat gefastet. Nur mit einer Plane und einem Beutel Wasser zwischen dem lebendigen Gewebe der Natur. Zeit, um leer zu werden und anzunehmen, was aufsteigt und ans Licht will. Zeit, um in die Sterne zu starren und der Melodie der eigenen Seele zu lauschen. Natürlich ist das extrem. Aber ohne diese extreme Reduktion gehe es nicht, sagt meine Freundin. Transformation fände auch in Märchen oft in Extremsituationen mitten im Wald statt. Und interessanterweise gibt es eine solche Nacht allein im Wald beim BoB auch – und zwar in der letzten Kurswoche. Hinterher werden die Erfahrungen in einer großen Runde geteilt. Durch die Spiegelung der Erfahrungen durch die Kursleiter:innen und die anderen Menschen aus der Gruppe werden diese Erfahrungen zu Erkenntnissen, die man wieder mit nach Hause nimmt, um daran weiter zu wachsen – zu *er*wachsen, um genau zu sein.

Erzählung 9
Hochzeit. Über ein Ritual, das so bunt ist wie die Liebe selbst

Meike Barnahl

»Weißt du, wir haben so ziemlich genau vor 31 Jahren geheiratet!«, sagt Uta zu mir. »Und jetzt endlich ist es so weit, dass wir auch den Segen bekommen!« Beide strahlen mich an: Uta und ihr Mann Ralph. »Damals wollten wir eigentlich auch kirchlich heiraten, aber das hat nicht so geklappt, wie wir uns das gewünscht hätten. Wir wollten so gerne draußen, am See, unter freiem Himmel gesegnet werden. Aber das wollte die Kirche nicht. Und jetzt sind schon so viele Jahre vergangen.« Wir sitzen an diesem Abend im September 2022 zu dritt am Tisch auf einer Alsterbarkasse mitten in Hamburg und stoßen an. Livemusik erfüllt den Raum. An der Bar wird Flammkuchen über die Theke gereicht, Bier, Limo und Wein. An den anderen Tischen sitzen Familien, Paare, Einzelne. Sie sind wie wir hier am Tisch im Gespräch, als Einstimmung und Vorbereitung auf ihr persönliches Ritual. Heute Abend fahren die Schiffe nicht Touristen über die Alster, heute sind Paare da, um auf dem glitzernden Wasser im Herzen der Stadt kirchlich zu heiraten, andere, um sich segnen zu lassen, und manche auch, um sich taufen zu lassen. Und das ganz spontan und ohne Voranmeldung. Es ist alles bereit, die Menschen müssen nur vorbeikommen. Getränke und Essen gibt es an der Bar. Pastor:innen freuen sich auf die Begleitung der Menschen, die heute spontan vorbeikommen. Musiker:innen auf den Schiffen haben eine Jukeboxliste vorbereitet und spielen den persönlichen Wunschsong zum Ritual. Unser Fotograf begleitet den heiligen Moment mit der Kamera. Neben dem Barschiff, das fest vertäut am Anleger liegt, fahren zwei geschmückte und erleuchtete Barkassen abwechselnd raus für den besonderen Moment mitten auf dem Wasser. »A ship called love«.

Anscheinend ist das eine passende Gelegenheit für Paare, die schon lange zusammenleben und manchmal auch schon viele Jahre standesamtlich verheiratet sind. Denn Uta und Ralph, die ich an diesem Abend nach 31 Ehejahren segne, sind nicht die einzigen. Mal sind es 20 Jahre, mal sechs, einmal sogar 35 Jahre. Manchmal stand die Idee einer kirchlichen Hochzeit damals schon im Raum, aber aus ganz verschiedenen Gründen kam es nie dazu. Da plant man nach dem Standesamt die große Party und vielleicht die Hochzeit in Weiß, mit Kirche und Segen und allem Drum und Dran für nächstes, übernächstes Jahr und dann steckt man mittendrin in der »Rushhour des Lebens«, es kommt ein Kind, eine Krankheit oder ein Jobangebot in einer anderen Stadt. Oder Corona hat alle Pläne ein ums andere Mal durchkreuzt. Die Gesellschaft wurde viermal ein- und wieder ausgeladen, und irgendwann ist die Luft raus. Je mehr Zeit ins Land geht, desto weniger passt der Gedanke an eine klassische Hochzeit mit großem Aufgebot in der Kirche, mit Brautkleid, Trauzeugen, ausgefeilter Sitzordnung und seitenlangen To-do-Listen für den einen großen Tag. Manchmal ist es aber auch die Heimatgemeinde, über die man sich einfach nur ärgert und die mit ihren allzu traditionellen Vorstellungen von Kirche insgesamt enttäuschte Paare zurücklässt. Dann rückt der Gedanke an eine kirchliche Hochzeit völlig in den Hintergrund. Schließlich braucht man den offiziellen Segen der Kirche ja längst nicht mehr, um gemeinsam durchs Leben zu gehen.

Aber manchmal bleibt da aber auch eine unbestimmte Sehnsucht. Einer oder beide spüren: Der Segen ist mir oder uns eben auch nicht egal. Diese Liebe, der gemeinsame Weg durchs Leben, durch glückliche und schwere Zeiten, durch den verrückten Alltag – es tut gut, zu wissen, dass all das getragen ist von einer Kraft, die größer ist als unsere eigene.

So geht es auch Uta und Ralph. In all den Jahren ist so viel passiert. Sie führen erfolgreich eine eigene Firma, haben zwei Kinder großgezogen und gerade erst eine schwere Krankheit überstanden. Das sind nur ein paar Eckpunkte ihres gemeinsamen Lebens. Ich kenne sie schon eine ganze Weile und weiß: Über die Jahre sind glückliche Zeiten und schwere Zeiten in den Webteppich ihres gemeinsamen Weges eingeflochten. Heute Abend haben sie mich überrascht an der Alster, damit ich sie an diesem besonderen Abend kirchlich traue. Ich freue mich sehr, mit ihnen diesen Moment zu feiern, und sie sind so glücklich über den Segen. Für alles, was war – für alles, was kommt.

Doch nicht nur Paare, deren Ehe lang erprobt ist, kommen zu uns auf den Steg. Ein Paar, beide noch jung und einigermaßen frisch zusammen, bittet uns um den Segen für seine Beziehung. Die beiden sind auf dem Sprung in einen gemeinsamen Studienaufenthalt im Ausland und wünschen sich Zuspruch für dieses gemeinsame Wagnis. Es geht ihnen zu diesem Zeitpunkt nicht ums Heiraten, es geht um Segen für diesen Lebensabschnitt, in den sie gemeinsam gehen, ohne zu wissen, was noch alles kommen wird.

Und dann sind da die beiden, die die »normale« Reihenfolge auf den Kopf stellen. Sie melden sich ein paar Tage vorher bei uns und fragen, ob sie bei uns richtig wären und ob wir so etwas überhaupt machen würden: Helena ist Katholikin und Yussuf ist Muslim, und sie möchten gerne auf dem Schiff mit uns heiraten. »Gerne machen wir das!«, sagen wir ihnen. »Aber ihr sollt auch ganz transparent wissen, was ihr von uns bekommen könnt. Wir sind evangelisch, und das ist eine evangelische Segenszeremonie. Sie wird nicht einfach von der katholischen Kirche als Sakrament anerkannt werden und im muslimischen Kontext bestimmt auch nicht.« »Macht nichts«, sagen sie uns. »Das ist genau, wonach wir suchen!« Neben der christlichen Hochzeit mit uns planen sie auch eine muslimische Zeremonie, denn ihnen ist wichtig, dass ihre beiden Glaubensrichtungen und Traditionen gleichberechtigt Teil ihres gemeinsamen Lebens sein können. Jede:r von ihnen ist auf seine Weise religiös, und genau das schätzen sie sehr aneinander. Erst dann, nach den religiösen Feiern, werden sie zum Standesamt gehen, um rechtsgültig zu heiraten. An diesem Abend kommen sie mit vielen Gästen auf den Steg an der glitzernden Alster, festlich gekleidet, strahlend und aufgeregt. Auf einer der letzten auslaufenden Barkassen feiern sie ihren besonderen Moment, mit ihren Lieblingsmenschen, mit ihrem Wunschlied »Make you feel my love« von Adele und ihrem Trauspruch aus der Bibel: »Lasst uns aufeinander achten und uns zur Liebe und zu guten Taten anspornen.« (Hebräer 10,24, zitiert nach der Einheitsübersetzung)

Ähnliche Erfahrungen haben auch unsere Kolleg:innen aus dem *Berliner Segensbüro,* einer Schwester von *st. moment* gemacht. Im Sommer 2022 haben sie rund um die Genezarethkirche in Berlin Neukölln einen ganzen Tag lang bis in den Abend ein Pop-up-Hochzeitsfestival gefeiert mit Hochzeiten für alle Paare, die vorbeikamen, egal ob angemeldet oder spontan. Sie konnten wählen, ob sie am Tag in der alten Kirche mit dem modern ausgebauten, gemütlich-chilligen Innenraum oder unter einem wunderschönen, schattenspendenden alten Baum ihre Hochzeit feiern wollten oder bei Beats in der Nacht vorm Altar. Rund um die Kirche war ein kleiner Wochenmarkt. Wer wollte, konnte sich dort Ringe und Blumen aussuchen oder mit vegetarischen Köstlichkeiten bestückte Picknickkörbe kaufen und eine Rikschatour zum Tempelhofer Feld genießen. 72 Paare kamen und feierten ihre Hochzeit. Manche hatten im Radio am Morgen davon gehört und andere beim Abendbrot den Bericht in den Berliner Lokalnachrichten gesehen und sofort alles stehen und liegen gelassen. Ganz unterschiedliche Paare waren das – junge und ältere, etliche, die sich selbst nicht als religiös bezeichneten und denen dennoch der Moment des Segens so wichtig war. Manche nur zu zweit und andere mit einer ganzen Hochzeitsgesellschaft, die sie in nur wenigen Tagen zusammengetrommelt hatten. Und eben auch dort viele, die schon lange Jahre ihr Leben miteinander teilen und die für sich in dieser spontanen, ungezwungenen Form den richtigen Rahmen gefunden haben.

Vor allem durch die Auswertung des Berliner Festivals ist es uns wie Schuppen von den Augen gefallen: Wie oft die normale Reihenfolge – erst das Standesamt und dann die kirchliche Hochzeit – nicht mehr stimmt. Diese Regel wurde staatlicherseits bereits 2009 geändert, aber beide Kirchen halten aus einem ganz bestimmten Grund weiter daran fest: Der rechtliche Rahmen der Ehe ist für sie eine wichtige Grundlage für die kirchliche Hochzeit. Das klingt total unromantisch, aber ihnen ist wichtig, dass die Partner – auch im Falle einer Trennung – abgesichert sind. Dass der eine den anderen zum Beispiel finanziell unterstützt, dass die Fürsorge für Kinder geregelt ist, dass sich nicht eine:r die gemeinsam erworbenen Dinge unter den Nagel reißen kann.

Aber was ist mit den Menschen, die nicht standesamtlich heiraten? Für die fehlte uns bisher die Form. Wir haben die kirchliche Trauung bisher immer an den Auftakt im Standesamt geknüpft.

Aber der Wunsch nach einem Vergewisserungsritual für die Liebe und das gemeinsame Leben ist auch bei vielen Menschen da, für die – aus unterschiedlichsten Gründen – eine standesamtlich geschlossene Ehe nicht in Frage kommt, die aber ganz genauso partnerschaftlich in Liebe und Verantwortung füreinander gemeinsam durchs Leben gehen. Das haben Emilia und ich und unsere Kolleg:innen deutlich an der Alster und beim Pop-up-Hochzeitsfestival erlebt: Nur etwa ein Viertel der Paare war standesamtlich verheiratet. Besonders für junge Erwachsene gehört die Ehe immer seltener zum Lebensentwurf. Und auch ältere Paare heiraten oft nicht mehr vor dem Standesamt. Da können ökonomische Gründe eine Rolle spielen, wenn jemand zum Beispiel auf die Witwenrente angewiesen ist. Oder auch aus Rücksicht auf Kinder aus einer ersten Ehe, weil ein Partner zum Beispiel nicht möchte, dass die Kinder des anderen Partners Sorge haben, ihr Erbe gerate durch die neue Beziehung in Gefahr. Manchmal ist auch die Loyalität zum verstorbenen oder noch lebenden Ehepartner über den Tod oder die Trennung hinaus der Grund. Treue wird unterschiedlich gelebt – sie kann ja auch dann noch bedeutsam sein, wenn Menschen nicht mehr gemeinsam durchs Leben gehen (können) und trotzdem eine neue Beziehung wichtig wird. Das hat mein katholischer Kollege Werner gerade erst erlebt: Er arbeitet als Seelsorger in einem Pflegeheim. Dort wandten sich Karin und Peter an ihn, weil sie sich Segen für ihre Beziehung wünschten. Dabei war das nicht ganz unkompliziert. Die beiden hatten sich im Pflegeheim kennengelernt, weil sie beide ihre jeweiligen Ehepartner dort über viele Jahre begleiteten. Karins Mann war nun kürzlich gestorben. Peters Frau aber lebte noch. Lange Jahre lag sie schon im Koma, und er kümmerte sich all die Jahre fürsorglich um sie. In den zurückliegenden Jahren haben sich Peter und Karin in schweren Zeiten unterstützt und gestärkt. Allmählich haben sie gemerkt, dass die Bande, die sie verbinden, mehr bedeuten, als nur zwei Menschen in einer ähnlich schwierigen Situation zu sein. Nach dem Tod von Karins Mann wurden sie ein Paar. Dabei war Peter die Loyalität zu seiner im Koma liegenden Ehefrau immer noch heilig. Für ihn ist völlig klar, dass er ihr Ehemann bleiben wird, bis dass der Tod sie scheidet. Peter kümmert sich weiter um sie, wie er es ihr vor vielen Jahren einmal versprochen hat. Und trotzdem war die neue Beziehung mit Karin auch so wichtig, dass sie sich dafür sehr den Segen Gottes wünschten. Eine Hochzeit konnte es nicht sein, aber Werner feierte mit ihnen eine ebenso schöne und sehr bewegende Zeremonie voller Segen und Zuspruch für ihr Leben, ihre Liebe und all die Aufgaben, die es ihnen gestellt hat und sicherlich noch weiter stellen wird.

So wie Karin und Peter mutig auf Werner zugegangen sind, um mit ihm eine für sie passende Form zu finden, so kam vor kurzem auch ein Paar auf meine Kollegin Angelika zu. Andy und Natascha haben schon vor acht Jahren geheiratet, standesamtlich und damals auch gleich kirchlich. Aber heute hat Natascha einen ganz besonderen Plan. Sie will ihrem Mann etwas ganz Besonderes zum 40. schenken: eine Zeremonie, um ihr Trauversprechen zu erneuern – als Überraschung. Andy ahnt überhaupt nichts. Sie sind verabredet für diesen Tag am Hafen, zwischen

Altonaer Fischmarkt und Elbe. Dieser Ort steckt für sie voller Bedeutung und Erinnerung, denn hier haben sie sich damals verlobt. Als sie beide dort ankommen, werden sie von Jan, unserem Musiker im *st. moment*-Team mit Musik empfangen. Und Angelika ist auch da, um sie in diesem besonderen Moment als Pastorin zu begleiten. Andy kann kaum fassen, wie ihm geschieht. Mit Tränen in den Augen vor Freude steht er da an seinem Geburtstag. Sie wiederholen nach acht Jahren Ehe – guten und schweren Zeiten – die feierlichen Worte: »Ja, ich will« – dich lieben und achten, mit dir weiter gehen durch Dick und Dünn. Jan singt für sie von Stefan Gwildis: »Warum komm' ich nur so selten dazu« – eine deutsche Version des weltbekannten »Have I told you lately that I love you« von Rod Stewart – und Angelika legt ihnen die Hände auf und segnet sie.

Emilia und ich glauben: Gottes Segen ist nichts, womit wir sparsam umgehen müssen. Gott selbst hat ihn uns in Hülle und Fülle versprochen. Darum müssen wir nicht kleinlich damit sein. Von Gottes Kraft gibt es genug für alle. Wir können ihn weitergeben an alle, die sich auf das Wagnis einer Liebesbeziehung einlassen, die ihr Leben teilen, respektvoll und verantwortlich miteinander umgehen und gemeinsam durch Dick und Dünn gehen wollen. Wie die Rituale dafür aussehen sollen, das können wir selbst entscheiden. Was es dazu braucht, ist vermutlich nur ein bisschen Mut von beiden Seiten, vonseiten der Paare, aber natürlich auch von unserer Seite – der Kirche. In welcher Form und an welchem Ort wir feiern, kann dabei genauso verschieden und bunt sein wie das Leben und die Liebe selbst. Also, lasst uns mutig sein!

Erzählung 10
Wahlverwandtschaften. Wenn aus Freund:innen Familie wird

Meike Barnahl

Wenn meine beste Freundin aus Kinder- und Jugendtagen ihren Geburtstag feierte, waren nicht nur wir Freund:innen, ihre Eltern und ihr Bruder dabei, sondern immer auch ihre »Nenntante«. Sie hatte früher, als meine Freundin und ihr Bruder noch klein waren, auf die beiden aufgepasst. Nun waren meine Freundin und auch ihr Bruder älter geworden – sie brauchten natürlich längst keinen Babysitter mehr. Aber die Nenntante war Teil der Familie geblieben, war an den Festtagen da, kam regelmäßig zu Besuch. Später dann, als auch die Nenntante alt geworden war und nicht mehr wirklich gut allein zurechtkam – tatsächlich wurde sie langsam dement –, kümmerte sich die Mutter meiner Freundin um sie, sorgte für sie und sorgte sich auch um sie. Ob sie genug trinke. Und ob sie wirklich daran denke, den Herd auszuschalten. Ich erinnere mich noch gut an die Gespräche am Küchentisch, wie schwer und kompliziert das war. Denn sie war ja nicht in echt eine Angehörige – im rechtlichen Sinne. Es gab kein Auskunftsrecht im Hinblick auf Ärzte – da hatte die Mutter meiner Freundin nichts mitzureden, obwohl sich sonst niemand anderes darum kümmern würde – es gab keine Vollmachten oder Ähnliches. Ich weiß nicht mehr genau, ob es gar keine Angehörigen gab oder ob da einfach kein oder wenig Kontakt war. Was ich aber genau weiß: Die Familie meiner Freundin war auch die Familie der Nenntante, ihre »Wahlverwandtschaft«.

Als Pastorin begegne ich häufig Menschen, die im Alter alleinstehend sind. Ohne Kinder, ohne Angehörige, die sich kümmern könnten, wenn klar wird, dass sie das nicht mehr alleine schaffen. Da ist dann im schlimmsten Fall keiner, der merkt, wenn die Kräfte nachlassen. Oder schon seit Tagen eigentlich nichts mehr gegessen oder getrunken wurde, weil nichts mehr im Haus ist und der Weg zum Supermarkt unendlich weit wird. Im guten Fall gibt es Nachbarn, Freund:innen, Vereinskolleg:innen, Stiefkinder oder sogar Ex-Partner:innen, die in Kontakt bleiben. Die einkaufen, spazieren gehen, zuhören, mehr und mehr Verantwortung übernehmen und sich sorgen. Wenn dann allerdings rechtlich nichts geregelt ist, bekommen die, die sich kümmern, keinerlei Auskünfte, wenn der Mensch etwa ins Krankenhaus kommt. Stirbt er, erfahren sie womöglich nicht einmal, wo und wann er bestattet wird – anonyme »Bestattung von Amts wegen« heißt es dann, wenn keine direkten Angehörigen vorhanden sind, die die Bestattungspflicht übernehmen können.

Wir haben bei *st. moment* gerade so etwas erlebt. Die Ex-Partnerin von Thomas hatte so hartnäckig nachgefragt, dass sie glücklicherweise den Ort und die Zeit der angesetzten Amtsbestattung herausbekommen hat. Sie fand den Gedanken unerträglich, dass er einfach so, anonym und mutterseelenallein unter die Erde kommen sollte – vor allem für ihren Sohn, der sich – als Thomas' Stiefsohn – in den letzten Jahren um ihn gekümmert hatte. Deshalb rief sie eines Tages an und bat mich, mit ihr eine Trauerfeier für Thomas zu organisieren. Statt sang- und klanglos anonym wurde er so auf seinem letzten Weg von Jan, unserem *st. moment*-Bestattungspastor und von Menschen begleitet, denen er wichtig war. Seine Ex-Partnerin, sein Stiefsohn, Arbeitskolleg:innen, Bekannte und Freund:innen konnten sich so doch noch von Thomas verabschieden.

Wer ist wirklich unsere Familie? Wer sind die Menschen, mit denen wir verbunden sind, die unsere engsten Vertrauten sind, auf die wir uns verlassen können, wenn es hart auf hart kommt, bei denen wir geborgen sind, auf die wir uns von Herzen freuen? Das sind ja längst nicht immer (nur) die, mit denen wir auch rechtlich verbunden sind: als Ehepartner:innen oder (Bluts-) Verwandte. Oft sind uns Freund:innen oder die Mitbewohner:innen viel näher als die Familie auf dem Papier.

Das ging wohl auch Jesus schon so. Anders als uns das Idyll der »heiligen Familie« an der Weihnachtskrippe meinen lässt, fühlte er sich als Erwachsener viel stärker mit seinen Leuten verbunden als mit seiner Herkunftsfamilie. So steht es jedenfalls in der Bibel: »Wer ist meine Mutter? Und wer sind meine Brüder?« (Matthäus 12,48f), fragt er, als ihm angekündigt wird, dass seine Familie vor dem Haus warte und ihn sprechen wolle. Und dann streckt er seine Hand aus und zeigt mit großer Geste auf seine wahre Familie – die, die um ihn versammelt sind und die mit ihm unterwegs sind: »Das hier sind meine Mutter und meine Brüder.«

In der Zeit der Corona-Lockdowns wurde dieser Kontrast besonders deutlich. Plötzlich kam ein neues Wort in unseren aktiven Wortschatz, das mir bislang fremd war: die »Kernfamilie«. Klar, für manche war es ein Segen, endlich mal wieder nur »unter uns« Plätzchen zu backen und harmonische Brettspielabende mit Vater, Mutter, Kind(ern) zu veranstalten. Für andere war es eine Horrorvorstellung, Weihnachten nur mit leiblichen Verwandten verbringen zu müssen statt mit der Wahl-Familie. Schrecklich oder kompliziert oder beides wurde es für queere Personen, aber auch für Patchworkfamilien, Regenbogenfamilien und Menschen, die in einer der vielen anderen Lebensformen leben, wie Co-Elternschaft, Co-Living, Mehrgenerationen-WGs und vielen anderen.

Wir sind gespannt, wie der zu erwartende Gesetzesentwurf der aktuellen Ampel-Koalition konkret aussieht, die jetzt vorhat, diese Vielfalt auch mit einer rechtlichen Institution abzusichern. Das Konzept der »Verantwortungsgemeinschaft« soll Menschen ermöglichen, sich ohne x-tausend notarielle Vollmachten unkompliziert und rechtlich gesichert zu verbinden, ganz egal, ob sie eine sexuelle oder romantische Beziehung zueinander haben oder nicht. Und egal, ob es zwei oder mehr Personen sind.

Emilia und ich finden es aber ebenso spannend, wichtig und wunderbar, diese vielfältige Realität des Lebens – unabhängig von staatlichen Regelungen – zu feiern. Wir glauben, das sollten wir viel bewusster und häufiger tun, als wir es in unserer Gesellschaft und in unseren Freundschaften und Wahlfamilien bislang machen: zurückschauen und staunen, welchen Weg wir schon miteinander gegangen sind! Innehalten und zelebrieren, was wir damit Kostbares in unserem Leben geschenkt bekommen haben! Was nicht bedeutet, dass ein Ritual für Wahlverwandte alles nur schönreden soll. Kostbares ist nicht immer selbst gewählt und auch nicht immer nur unkompliziert: zum Beispiel, wenn eine Pflegefamilie gemeinsam mit der Herkunftsfamilie und dem Jugendamt die Verantwortung für ein Kind hat. In einem Ritual ist auch Platz für Nöte, Sorgen, fürs Bewusstmachen, dass manches auch ein Drahtseilakt ist. Und gerade deswegen tut es gut, wenn wir uns miteinander vergewissern, uns vielleicht auch versprechen, dass wir weiter gemeinsam unterwegs sein wollen, Verantwortung teilen und füreinander übernehmen möchten.

Auch Maria wollte so eine Vergewisserung. Sie wollte ihre Liebsten – Sonja und Claudia – mit einer Segensfeier überraschen und wandte sich dazu an Angelika bei uns, bei *st. moment*. Maria, Sonja und Claudia leben schon viele Jahre in einer Beziehung. Als sie gemeinsam ein Kind erwarten, möchten sie es möglichst gut absichern und würden natürlich auch das Sorgerecht gerne gemeinsam ausüben. Das geht aber in Deutschland nicht zu dritt. Höchstens zu zweit und in einer gleichgeschlechtlichen Beziehung über eine Adoption. In einer Ehe ist das ein wenig leichter. Maria, Sonja und Claudia haben kurzen Prozess gemacht: Wenn es hilft, dass zwei verheiratet sind, dann soll es so sein. Die dritte, Claudia, wurde Trauzeugin – so steht sie wenigstens mit auf der Trauurkunde. Aber Maria fand, dass das nicht reicht. Sie möchte eine Feier, bei der zum Ausdruck kommt, dass alle drei gleichberechtigt zusammengehören. Und das soll an diesem Tag auch sichtbar zum Ausdruck kommen. Gemeinsam mit zwei Freundinnen bereitet Angelika am gleichen Tag der standesamtlichen Hochzeit einen ganz besonderen Ort im Wald für die drei Frauen vor. Auf einer Lichtung unter hohen Buchen bilden große urige Hölzer einen weiten Kreis. Rote und weiße Blütenblätter leuchten auf dem weichen Waldboden. Windspiele hängen in den Bäumen. Als die drei nach dem Standesamt mit einigen weiteren Freund:innen auf der Lichtung ankommen, erwartet Angelika sie und bittet sie in den Segenskreis. Gemeinsam treten sie hinein und feiern ihre Liebe und Verbundenheit. Sie vergewissern sich: »Wir gehören zusammen!« Sie strahlen und beten und werden gesegnet. Angelika hat für diesen Moment einen Segensspruch aus der Bibel ausgesucht: »Und lasst uns aufeinander achthaben und einander anspornen zur Liebe und zu guten Werken.« (Hebräer 10,24) Sie nehmen ihn aus diesem besonderen Moment mit in ihre gemeinsame Zukunft. Voll Freude und Stolz nehmen sie auch unsere offizielle *st. moment*-Urkunde entgegen. Sie ist für sie ein unendlich wichtiges Zeichen, dass sie hier endlich richtig und anerkannt sind, genauso wie sie sind, mit ihrer Liebe und Lebensform. Die Taufe ihres Kindes und die Hochzeitsfeier mit großer Gästeschar ein Jahr später haben sie schon fest im Blick – als feierlichen Gottesdienst in der Kirche, natürlich wieder mit Angelika und Gottes Segen.

Ein Ritual für dich

FÜR VERANTWORTUNGSGEMEINSCHAFTEN, WAHLVERWANDTE UND ANDERE HERZENSMENSCHEN

Wenn ihr auch eure Wahlverwandtschaft mit einem Ritual begehen wollt, könnt ihr das ganz einfach umsetzen!

WAS IHR BRAUCHT:

- Menschen, mit denen ihr diesen Moment teilen und feiern wollt
- einen schönen Ort, der zu euch passt
- Lieblingsmusik
- jemanden, der oder die die Zeremonie leitet (bittet doch einfach jemanden aus eurem Freundeskreis oder fragt eine:n Pastor:in an)
- einen Segensspruch (www.trauspruch.de gibt auch für

diesen Anlass gute Anregungen, vieles davon passt auch, wenn ihr nicht in einer romantischen Beziehung zueinander steht)

- evtl. die Verabredung, ein individuelles Versprechen vorzubereiten

SO KÖNNTE DER ABLAUF AUSSEHEN:

Begrüßung/Einleitung
(nennt auch den Grund, warum ihr hier seid)

Gebet

»Gott wir danken dir für diesen besonderen Tag.
Wir danken dir für unsere Verbundenheit.
Wir blicken zurück und staunen/sind dankbar.
Es ist wunderbar, dass wir uns begegnet sind.
Heute wollen wir unsere Verbindung feiern
und bitten dich um deinen Segen.«
Amen.

Musik

Segensspruch

Lest euren Segensspruch vor – vielleicht sagt ihr einander auch, was er für euch bedeutet.
Erzählt von eurer gemeinsamen Geschichte und euren Plänen oder Wünschen.

Versprechen – ihr könnt ein eigenes formulieren oder gemeinsam dieses sprechen:

»In der Kraft der Liebe Gottes wollen wir uns vertrauen und unseren Lebensweg gemeinsam gehen und füreinander Verantwortung übernehmen. Unsere Verbindung soll ehrlich sein und Platz haben für Freude und Sorge, Nähe und das Miteinander-auf-der-Suche-Sein. Wir wollen uns annehmen, so wie wir sind, und immer wieder aufeinander zugehen. Unsere Verbindung gebe uns Kraft, auch für andere da zu sein und für die Welt, in der wir leben. Dazu helfe und segne uns Gott. Amen.«

Musik

Segen

Legt eure linke Hand auf die rechte Schulter des Menschen, der neben euch steht, und streckt eure rechte Hand nach oben geöffnet in die Mitte. Dann sagt gemeinsam oder lasst euch zusprechen:

»Gott segnet uns (euch) und begleitet uns (euch) auf unseren (euren) Wegen.
Gott schenkt uns (euch) Vertrauen und Freiheit, Geborgenheit und Weite.
Wir sind (Ihr seid) gesegnet mit Gottes Liebe, die uns (euch) umhüllt und trägt.
Amen.«

Musik

Und dann wird gefeiert!

Erzählung 11
Sich selbst trauen. Segen für den eigenen Weg

Emilia Handke

Wenn es grau draußen war und einem gefühlt in jedem Park verliebte Paare – wahlweise mit Kinderwagen oder schwanzwedelnden Hunden an der Leine – entgegenspazierten, dann gab es immerhin eine Verheißung, die mir tröstlich spätestens an den Bushaltestellen oder an den zugigen S-Bahn-Stationen mild entgegen lächelte: »Alle elf Minuten!« Alle elf Minuten würde sich ein Single verlieben. Über das Portal »Parship«. Vor diesen elf Minuten, diesen 660 Sekunden lag nur das eine beschämende Eingeständnis, dass es besch… ist, allein zu sein; dass man sich irgendwie übrig geblieben fühlt, nicht gefunden worden ist im Gedränge der Suchenden; niemanden unbedingt und unwiderruflich in seinen Bann gezogen hat. Und dann lauert die Selbstabwertung hinter jeder Ecke: »Ich bin eben *zu* unförmig« oder »Ich weiche eben *zu* sehr von der Norm ab«; »Ich bin eben *zu* klug« oder »*zu* zurückhaltend«, »*zu* dominant«, »*zu* spröde«, »*zu* seltsam« oder schlicht »*zu* langweilig«. Das, was ich mir selbst zuschreibe, oder das, was mir durch andere zugeschrieben wird, genügt jedenfalls nicht, um geliebt, begehrt oder erwählt zu werden. Und auch wenn es mir durch die Werbung anders verkauft wird: »Parship«, »Bumble«, »Tinder«, »Gleichklang« oder »ElitePartner« fühlen sich in diesen – deprimierten, von Selbstzweifeln zermürbten – Momenten eher an wie Rudis Resterampe oder das Fundbüro für alle die, die auf dem Markt der menschlichen Möglichkeiten eben übrig geblieben sind.

Jeder dritte Mensch zwischen 18 und 65 Jahren ist, laut einer Studie von »Parship«, in Deutschland Single und jeder fünfte davon schon seit zehn Jahren oder noch mehr. Ganz vorne liegen die Metropolen Hamburg und Berlin, aber auch im kleinen »grünen Herzen« der Republik, in Thüringen, wo sich gut zwei Millionen Menschen auf rund 16.000 Quadratkilometern verteilen, leben viele Menschen allein. Hinter den Fenstern, in denen man Designerlampen schwingen sieht, die mit Emaille-Deko-Scheiben verziert sind oder wo grelle Neonlichtbirnen hängen, gehen also viele abends *allein* zu Bett, sitzen abends *allein* auf dem Sofa und legen *allein* Konten und Lebensversicherungen an. Die Großmütter, sofern noch vorhanden, beruhigen hier wie dort besorgt mit dem Satz, auf jeden Topf hätte seit jeher auch ein Deckel gepasst, und die Eltern fragen sich, wenn sie unter sich sind und die Tür geschlossen haben, ob sie eigentlich irgendwas falsch gemacht hätten in ihrer Erziehung. Man selbst tröstet sich vielleicht mit Spruchkarten von Freund:innen, auf denen steht, das Beste würde im Leben erst noch kommen. Warten also auf »das Beste«: jede Gelegenheit als Hoffnung sehen, dass es heute vielleicht passieren kann, man »das Beste« in Form eines Anderen findet. Warten auf den Blick, an dem man selbst oder der an dir hängen bleibt, und die Augen, die sich immer wieder treffen. Und irgendwann in ferner Zeit endlich ein Antrag mit Fackeln im Schnee ... Warten. Manchmal seit vielen Jahren, in denen pro Jahr über 47.781 Mal elf Minuten drinstecken.

Was ist, wenn das alles *nicht* passiert? Daniel Schreiber hat über diesen Modus ein Buch geschrieben und darauf aufmerksam gemacht, dass die Begriffe »alleinstehend«, »geschieden«, »verwitwet« oder »Single« ziemlich verräterisch sind, weil sie zeigen, was als das Eigentliche gilt, als die Norm: die Paarstruktur. Auch in allen großen Freundschaftsserien im Fernsehen wie »Sex and the City« oder »Friends« geht es irgendwann um die Hochzeit, in die alles, der ganze Lebenssinn einmündet. Die beiden roten Punkte, die an unterschiedlichen Stellen geboren und dann wie von unsichtbarer Hand zusammengeführt worden sind. Wer dann eingeladen wird, kommt in der Regel zu zweit. Alle werfen sich in Schale und laufen zur großen Gala auf. Überall kleine Wir's – alles perfekt zurechtgemacht. Die Hochzeit der anderen als Vergewisserungsritual des Eigenen. Intensiv und leer und manchmal beides gleichzeitig.

Und dann ist da eine Frau, die eines Tages ganz allein mit einem Brautkleid durch Stuttgart zieht und Glück und Schmerz *zugleich* sichtbar werden lässt.[7] Sie erinnert die Schaulustigen damit an die großen Sehnsüchte, die in uns allen lebendig sind. Darunter die große, unzähmbare Sehnsucht nach dem Ja. Ja zu mir! Sie will den Hype verstehen, das Gewese ums Kleid. Was wird passieren? In der Fußgängerzone, im Supermarkt, im Museum?

Gewagt hat dieses Experiment unsere Kollegin Birgit Mattausch. Irgendwann stellte sie fest, dass sie ihre eigenen Freundinnen nicht mehr verstanden hat: Wenn sie über Hochzeiten sprachen, imaginierten sie immer ein außergewöhnliches, extravagantes rotes Kleid – bloß kein Klischeehochzeitskleid – und dann? Als es ernst wurde, färbte sich dieses *eine* Kleid doch wieder blütenweiß ein und bekam plötzlich Spitze. Selbst diejenigen, denen es früher so wichtig war, anders zu sein – selbst *sie* landeten beim Traum in Weiß. Also muss dieses weiße Kleid doch irgendwas bedeuten! »Einmal Prinzessin sein«, so fasst es Birgit nach ihrem Experiment zusammen, darum geht's. Die Betonung liegt allerdings nicht auf der Prinzessin, sondern auf dem »Einmal«: »Am Tag des Brautkleides ist alles nur einmal. Und alles ist voller Bedeutung. Selbst die Marmelade auf dem Frühstücksbrot.« Obwohl also der Tag des Brautkleides der gesamten Routine, der Wiederkehr des immer Gleichen entzogen sein soll, ordnet man sich doch wieder in eine Routine und Serialität des Lebens ein: Man trägt, was seit *jeher* getragen wurde. Man macht, was fast alle machen. Das individuelle Begehren verschmilzt an solchen Tagen mit dem Allgemeinen.

Und weil das so bedeutsam ist, darf man damit nicht spielen. Das Experiment mit dem Brautkleid verletzte manche Menschen, die das Geschehen aus der Ferne beobachteten. »Bräute sind so etwas wie Schornsteinfeger«, schreibt Birgit: Sie bringen Glück – und eine gespielte Braut bringt vielleicht Unglück.

Das »Spiel« endet vor dem Altar in der Kirche. Dort will Birgit sich selbst heiraten, endlich einmal feierlich »Ja« sagen – zu sich selbst. Sie hat Menschen eingeladen, die ihr ans Herz gewachsen sind. Als der Moment gekommen ist, schreitet sie durch den Mittelgang, hört die Musik; spürt, was sie hat; spürt, was sie nicht hat, was fehlt; sie spürt, was ist, wer fehlt, wer da ist; spürt, was weiß ist, was schwarz und was grau. Und sieht an der Wand die Schrift: »Kommet her zu mir alle, die ihr mühselig und beladen seid.« Und sie verspricht sich an jenem Tag:

»Ich nehme mich selbst aus Gottes Hand
als ein Geschenk voller Schönheit, Schmerz & Überraschungen.
Ich will bei mir bleiben, mir treu sein, mich achten & ehren
in guten wie in schlechten Zeiten,

in Gesundheit & Krankheit, in Jugend & Alter,
in Freude & Sorge.
Ich will meinen Körper, meine Seele,
meinen Geist & mein Herz lieben
und ihnen Gutes tun.
Ich will Geduld mit mir haben, mir vergeben,
will tanzen, essen & trinken
und das Reich Gottes ehren mit meinem Leben.
Dazu helfe mir Gott.«

2017 entsteht darüber ein wenig Euphorie. Alle großen deutschen Medien steuern mindestens einen Artikel zum Thema »Selbstheirat« bei, im Fachjargon »Sologamie« – mal kritisch, mal frenetisch bejubelnd. Alle wissen, dass hier ein großes Thema verhandelt wird: Selbstliebe. Verbunden mit dem Wunsch, das Zeichen der schmachvollen Sehnsucht und der erdrückenden Norm in etwas Neues zu verwandeln. Für Feministinnen ist es ein Akt der Emanzipation.

Und dennoch: Irgendwas daran scheint mir gefährlich – oder zumindest beschleicht mich das mulmige Gefühl, dass man das Spiel damit ja trotzdem weiter mitspielt. Auch wenn man den Definitionsrahmen der Ehe ausweitet. Aus meiner Sicht braucht es für das, wonach hier gesucht wird, eigentlich etwas anderes: vielleicht eine andere Art von Geburtstag oder ein Ritual zur Selbstannahme – das muss ja nicht zwingend mit einem Brautkleid verbunden sein. Brautkleid bleibt Brautkleid und Selbstliebe eine bleibende Aufgabe.

Was Angelika von *st. moment* erzählt, bestätigt mich. Eines Tages bekommt sie eine Kontaktanfrage über die Website: Ob es auch möglich sei, sich selbst zu heiraten, ob sie sowas überhaupt machen würde? Im Gespräch mit der anfragenden Person wird deutlich, dass auch sie weiß, dass »Hochzeit« nicht wirklich das trifft, worum sie Angelika bittet. Sie ist sich sogar sicher, dass sie irgendwann einmal einen anderen Menschen finden wird, den sie heiraten kann. Aber im Moment geht es ihr um etwas anderes, um ein »Ja« zu sich selbst – zu der Person, die sie *jetzt* ist. Und das ist ihr seit frühester Kindheit an schwergefallen. Deswegen ist der Wunsch, mit dem sie an Angelika herantritt, auch noch kein »Ja« zum Leben, sondern erst mal nur ein »Ja« zu sich selbst. Um sich in dieses Leben überhaupt weiter hineinwagen zu können. Dieses »Ja« kann ihr niemand von außen geben, das kann sie sich nur selbst geben – das weiß sie. Es geht ihr um ein Versprechen – das Versprechen, sich selbst nicht wieder zu verlassen, sich zu lieben in guten wie in schlechten Zeiten.

Aber geht es genau darum nicht auch bei der Taufe? Angelika sucht lange und behutsam nach der Form, die hier die richtige sein kann. Wahrscheinlich ist es weder eine Taufe noch eine Heirat, sondern eher etwas dazwischen – so etwas wie ein Fest mit einem großen Versprechen. Dazu gehört, dass man die eigenen Gedanken in feierliche Worte fasst und dass einem dieses feierliche Versprechen dann auch abgenommen wird, damit es Geltung bekommt. Man braucht so etwas wie eine Zeugin. Angelika denkt an ein Stärkungsritual mit viel Zuspruch: Es ist gar nicht so ungewöhnlich, dass man sich verliert im Leben und irgendwann wiederfindet und manchmal auch neu erfinden muss. Hinter dem Mangel, den die anfragende Frau zu erleben scheint – hinter der Angst, das Leben nicht zu schaffen –, kann sich auch ein Licht zeigen, welches innere Kraft gibt. Für Angelika ist das der Glaube. Und vielleicht kann sie der Frau mit diesem Stärkungsritual helfen, diese Kraft zum Leben in sich zum Klingen zu bringen. Denn manchmal wird diese Kraft auch durch andere Menschen aktiviert.

Am Ende stehen Angelika und die Frau vielleicht am Hafen und blicken auf die Kräne, die verzweigt in den Himmel ragen. Vielleicht hat die Frau selbst etwas formuliert, und Angelika war dann so etwas wie eine Hebamme für sie. Vielleicht haben der Frau aber auch vorgegebene, alte Worte gutgetan. Der Rahmen wird ein kleiner evangelischer Gottesdienst gewesen sein, das macht Angelika nämlich immer und das würden die Menschen auch mögen, sonst würden sie eher eine Psychologin aufsuchen und keine Pastorin. Vielleicht hat Angelika die Frau einen Bibelvers aussuchen lassen, vielleicht haben sie etwas in den Himmel geschickt, vielleicht etwas gemeinsam verbrannt, vielleicht ein Abendmahl zur Stärkung zu zweit gefeiert. Auf jeden Fall aber wird die Frau gesegnet worden sein für ihren Weg mit sich selbst. Diesen Segen aber bekommt man von außen, den kann man sich nicht selber sagen:

»Gott segne dich und behüte dich.
Gott lasse sein Angesicht leuchten über dir
und dich spüren – wenn sich der Abgrund auftut
und du dich wieder zu verlieren drohst –,
dass du gehalten bist,
unter deinen Füßen,
mit dem Spuk in deinem Kopf
und deinem rasenden Herzen.
Gott schenke dir den Frieden,
bleiben zu können:
bei dir und bei Gott.
In Jesu Namen.
Amen.«

»Ja« zu sich selbst sagen zu können – das ist ein riesengroßes Thema. Es begegnet einem eigentlich ständig in der Auseinandersetzung mit dem eigenen Körper und der eigenen Seele: »Bin ich richtig so, wie ich bin?«, »Bin ich schön, weiblich oder männlich genug?«, »Bin ich überhaupt Mann oder Frau?« Und damit ploppt ein weiteres riesengroßes Thema auf – in der Kirche, vor allem aber in der Gesellschaft: Transition – also der Wechsel desjenigen Geschlechts, das früher einmal in der Geburtsurkunde vermerkt wurde. Mit all den Folgen, die das im eigenen Leben hat. Wenn ein Mensch auf dem Weg ist, diese Eintragung zu ändern, dann sind dabei viele Berufsgruppen involviert – Mediziner:innen, Jurist:innen, Psycholog:innen. Interessant ist, dass sich jedoch keiner von ihnen so richtig für ein Ritual zuständig fühlt, das diese Wende im Leben feierlich würdigt und begleitet. Einige unserer Kolleg:innen haben im August 2022 auf dem Christopher Street Day in Lübeck eine Segnung für Trans*Menschen angeboten. An diesem heißen, bunten Sommertag kamen zehn von ihnen, oft zusammen mit ihren Partner:innen oder engen Freund:innen, in die kleine Kapelle in der Lübecker Marienkirche. Ich weiß nicht genau, wie es vor Ort aussah – aber ich stelle mir vor, dass da auf dem Steinboden der kleinen Kapelle ein Kreis aus Blüten gelegt war, in den man hineingerufen wurde während des Rituals. In einer der Ecken stand vielleicht ein geschmückter Tisch mit Kerzen und buntem Wachs, um den eigenen (neuen) Namen auf eine Kerze zu kleben. Eine Liste mit Liedern zeigte, aus welchen man sich heute eines wünschen kann für den besonderen Moment. Daneben eine Liste mit Bibelworten auf schön gestalteten Karten. Zum Beispiel diese:

> *»So spricht der Herr: Fürchte dich nicht, denn ich bin mit dir und will dich segnen.« (Genesis 26,24b)*

»Der Herr ist mein Hirte, mir wird nichts mangeln.« (Psalm 23,1-2)
»Herr, deine Güte reicht, so weit der Himmel ist, und deine Wahrheit, so weit die Wolken gehen.« (Psalm 36,6)
»Denn er hat seinen Engeln befohlen, dass sie dich behüten auf allen deinen Wegen.« (Psalm 91,11)
»Fürchte dich nicht, denn ich habe dich erlöst; ich habe dich bei deinem Namen gerufen; du bist mein!« (Jesaja 43,1-4)
»Jesus Christus spricht: Siehe, ich bin bei euch alle Tage bis an der Welt Ende.« (Matthäus 28,20b)
»Denn alles, was Gott geschaffen hat, ist gut, und nichts ist verwerflich, was mit Danksagung empfangen wird.« (1. Timotheus 4,4)

Natürlich ist eine Transition ein langer lebensgeschichtlicher Prozess. Alle, die an diesem Tag in die kleine Kapelle der Lübecker Marienkirche gekommen waren, standen an unterschiedlichen Punkten auf diesem Weg. Für manche war der Wechsel des Vornamens besonders wichtig. Einige hatten sich bereits einer geschlechtsangleichenden Operation unterzogen, für andere spielte das im Moment keine Rolle. Viele waren mit einer engen Frömmigkeit aufgewachsen, für sie war das Zurechtrücken ihrer Geschichte vor Gott entscheidend. Allen gemeinsam war es das Wichtigste, dass hier heute »Ja« zu ihnen gesagt wird, »Ja« zu sich selbst und »Ja« von anderen: »Meine Kirche ist gerade weiter als die Gesellschaft oder meine Familie und nimmt mich so an, wie ich bin, das macht mich glücklich und auch ein wenig stolz …« Dieser Satz fiel in der kleinen Kapelle immer wieder, haben die Kolleg:innen erzählt. Und er erinnert mich daran, wie die Pastorin Nadia Bolz-Weber in ihrem »House for All Sinners & Saints« in den USA Asher, der einmal Mary hieß, angesichts *seines* Übergangs von einer Frau zu einem Mann einfach nur gefragt hat: »Liebes, was können wir für dich tun?« Nur diese Frage. Keine Wertung. Kein Hinterfragen seines Schrittes. Einfach nur diese Frage: Was können wir für dich tun? Für Nadia war es das Einzige, was sich in dieser Situation, in der dieses Kind Gottes war, nicht naiv oder idiotisch anhörte.

In der kleinen Andacht in Lübeck wurde nach einer Begrüßung ein Gebet für den Menschen gesprochen, der heute den Weg in die Kapelle auf sich genommen hat: um die Kraft, sich selbst zu finden und spüren zu können; dafür, dass Menschen mitgehen auf dem langen Weg zu sich selbst und Gott die Hand nimmt, wenn die Schritte schwer werden, den Rücken stärkt, wenn Halt gebraucht wird, und jubelt, wenn sich Freude und Leichtigkeit ausbreiten; und um einen liebevollen Blick – auf unsere Nächsten und auf uns selbst.

Das Kostbarste aber war der Segen. Einen solchen wollen wir dir hier weitergeben – vielleicht tut er dir in deiner eigenen Auseinandersetzung mit deinem Körper und deiner Seele auch gut. Du musst dir vorstellen, dass unsere Kolleg:innen zuvor das Bibelwort vorgelesen haben, das sich der Mensch heute ausgesucht hatte. »Es möge in schweren und in guten Zeiten deine Seele daran erinnern, dass du wunderbar gemacht bist und Gott dich erkannt hat, wie du bist und sein wirst!« Die gebastelte Kerze mit dem eigenen Namen durfte dann am Osterlicht entzündet werden. Und daraufhin legten sich die Hände unserer Kolleg:innen warm auf die Schultern oder auf den Kopf, mit Worten wie diesen:

»Gott spricht:
In das Dunkel deiner Vergangenheit und in das Ungewisse deiner Zukunft,

in die Enge deines Alltags und in die Weite deiner Träume
lege ich meine Zusage:
ICH BIN DA.
Du mein geliebtes Kind.
Amen.«

Erzählung 12
Heilige Mahlzeiten. Über gemeinsames Essen als Ur-Ritual

Emilia Handke

Der Wollschal meiner Großmutter war smaragdgrün und hatte lauter feine kleine flauschige Härchen. Er roch immer ein bisschen nach Stroh – eine würzige, trockene Wärme –, weil sie ihn immer umhatte, wenn sie morgens und abends die Tiere draußen im Stall gefüttert hat. Als sie starb, durfte ich diesen smaragdgrünen Schal behalten. Und wenn ich heute manchmal daran rieche, dann ist sie sofort wieder da. Mit ihrem standhaften Blick und ihren zupackenden Händen mit der fleckigen Haut aus Pergamentpapier.

Mit meinem Vater verbinde ich ganz andere Dinge. Zum Beispiel die blassgelbe Rolle Harzer Käse, bei deren Geruch ich als Kind immer schreiend das Weite suchte, oder ausgewaschene blaue Pullover. Oder frisch gesägtes Holz in der Scheune, auf einer Waldlichtung oder in der Drechselkammer. Immer wenn ich das rieche oder sehe, dann ist er da.

So was Ähnliches hat es mit der Tradition des Abendmahls auf sich:

An ihrem letzten gemeinsamen Abend – Jesus hatte schon lange kein gutes Gefühl mehr angesichts der vielen öffentlich ausgetragenen Konflikte, die sich immer wieder an ihm entzündeten – blickt er seine Freundinnen und Freunde lange an. Wie sie so dasitzen mit ihren Hoffnungen und Träumen inmitten ihres

Alltags, inmitten von Körbeflechten, Schafehüten und Fischefangen. Sie fragen ihn an diesem Abend immer mal, was los sei – aber er winkt ab. Er sei müde heute Abend. Er brauche einen Moment für sich. Es würde sicher gleich besser werden. Nur einen Moment durchatmen. Jesus genießt das: die Verbundenheit zu spüren, die sie miteinander im Laufe der Zeit aufgebaut haben. Den Gleichklang ihrer Herzen zu hören, wenn jemand erzählt, was er tagsüber erlebt hat. Das Wenige, was im Hause war, zu teilen. Diese besondere Form der Stille, in der man weiß: »Alles ist gut.« Das kann einem keiner nehmen.

Und gleichzeitig weiß Jesus, dass es schwer sein wird für sie, wenn er nicht mehr da ist. Sie werden es mit der Angst zu tun bekommen, und sie werden erst mal auseinanderrennen. Also kreisen seine Augen immer wieder durch den Raum mit den hohen Decken. Er sucht nach etwas, was sie seine Nähe spüren lässt, auch wenn er nicht mehr da ist. Ein Zeichen der Verbundenheit. Etwas, das er ihnen hinterlassen kann. Was für immer bleibt. Sein Blick fällt auf das, was dort in Körben und Kelchen auf der langen Tafel steht: Brot und Wein ... Das ist es! Essen gibt es in jedem Haus. Das gemeinsame Mahl soll sie zusammenhalten. Es soll sie daran erinnern, dass an seinem Tisch jeder einen Platz hat. Dass alle kommen dürfen, so wie sie sind. Dass auch die eingeladen sind, die sonst niemand haben will. Das Mahl soll sie daran erinnern, dass sie zusammengehören. Wie Schwestern und Brüder einer großen Familie – egal, aus welcher Familie sie selbst stammen. Und mehr noch: Das Mahl soll der Ort sein, an dem er selbst bei ihnen ist, ihnen Kraft gibt, alle Tage bis ans Ende der Welt.

Jesus war Jude. Dass gemeinsames Essen eine Bedeutung hat – das hat er sich vom jüdischen Pessach-Mahl abgeschaut. Pessach wurde auch damals jedes Jahr zum Gedenken an die Flucht des jüdischen Volkes aus Ägypten gefeiert. Man erinnert sich dabei jedoch nicht einfach nur an eine vergangene Befreiung aus einer vergangenen Gefangenschaft, sondern man erzählt die Geschichte so, als spiele sie immer wieder – auch heute noch. Menschen jüdischen Glaubens essen einmal im Jahr ungesäuerte Brote, weil ihren Vorfahren damals die Zeit fehlte, den Brotteig vor dem Aufbruch aus Ägypten zu säuern. Aber sie essen sie auch, weil es eben immer wieder geschehen kann: Flucht und Vertreibung, Angst und Tod – und weil das Wichtigste an der ganzen Geschichte ihr Ende ist: die Rettung. Sie werden herausgeführt aus allem Elend in ein gelobtes Land. Pessach ist die Einübung von Hoffnung, von Kindesbeinen an. Und es verbindet sich mit einfachen Nahrungsmitteln – hier einer Mischung aus Wasser und Getreide, die ein kleines bisschen wie Knäckebrot schmeckt.

Wenn wir heute in der Kirche im Gottesdienst das Abendmahl feiern, dann fragen sich viele, was die Menschen da vorne im Altarraum eigentlich machen. Warum es wichtig sein soll, stumm in einem Kreis zu stehen und sich eine staubtrockene Oblate mit murmelnden Worten weiterzugeben und einen Kelch mit Wein oder mit Traubensaft. Warum man Leib und Blut Jesu in sich aufnehmen sollte. Das mutet jedenfalls ziemlich martialisch an, und die Christ:innen sind im Laufe der Geschichte dafür vielfach belächelt worden. Meike und ich glauben: Eigentlich meint dieses Geschehen die Aufforderung, das Leben im Geiste Jesu miteinander zu teilen – im Geist der Liebe und der Hoffnung, im Geist des Mutes und der Aufrichtigkeit. Und von diesem Geist Jesu etwas in sich aufzunehmen.

Dass das da vorne in der Kirche oft so traurig wirkt, hat mit einer ungeheuren Reduktion zu tun, die sich im Laufe der Geschichte des Christentums ereignete: Die Mahlfeiern der Bibel sind längst keine Feiern, die nur mit Brot und Wein abgehalten wurden, sondern auch mit Käse und Quark, Milch und Honig, Öl, Salz, Obst, Gemüse und Fisch. Für Jesus ging es darum, eine Gemeinschaft zu gründen, in der andere Regeln herrschen sollten als in der Umgebung: Niemand sollte dem anderen Untertan sein, sondern alle an Wert und Würde gleich – Schwestern und Brüder eben. Daher wurde alles, was da war, geschwisterlich geteilt. Niemand sollte ausgeschlossen werden, wenn er Teil dieser Gemeinschaft sein wollte. Diese Art des gemeinsamen Essens war aber so anstößig, dass manche Leute Jesus als »Fresser und Weinsäufer« bezeichnet haben. Gleichzeitig war sie so eindrücklich, dass diese Tradition des gemeinsamen Essens geblieben ist, obwohl Jesus starb. Im Zuge des Wachstums der christlichen Gemeinden wurde das »heilige Mahl« aber langsam vom »Sättigungsmahl« mit Fleisch, Gemüse und Früchten unterschieden. Es wurde auf die Elemente Brot und Wein reduziert und mit einer festen Abfolge von Gebeten verbunden. Nur in dieser Form des Kultmahls sei Jesus spürbar zugegen – so hat man es später im Lauf der Kirchengeschichte festgelegt. Daher mussten die Elemente nun bestimmten Vorschriften genügen – aus dem Brot wurde die durch Priester geheiligte Oblate. Was vorher auch den Leib satt machte, sollte nun allein die Seele satt machen.

Mahlfeiern im Geiste Jesu können aber viel mehr sein als dieser kleine geschlossene Kreis vorne in der Kirche, und mir ist es besonders wichtig, davon zu erzählen. Abendmahl ist auch die Geschichte einer 50-jährigen Katholikin, deren Mann in seinen letzten Lebensmonaten intravenös ernährt wurde.[8] Die Ärztin ermutigt die beiden, sich trotz dieser medizinischen Form der Ernährung einmal am Tag noch etwas Besonderes zu gönnen. Gegen ein Gläschen Wein am Abend sei zum Beispiel nichts einzuwenden. Und so wird es ein kleines Ritual für das Paar, sich abends neben diesem Gläschen Wein immer noch eine Praline zu gönnen und dabei gemeinsam über ihre Ängste und Sorgen, aber auch die Wünsche und die zurückliegenden gemeinsamen Ehejahre zu sprechen. Für beide wird es die intensivste Erfahrung eines Abendmahls, die sie je erlebt hatten – hier tatsächlich als gemeinsames Essen angesichts des bevorstehenden Todes. Und sie haben das Gefühl, da ist einer dabei, der die Grenze halten kann und über die Grenze hinüberhilft – von der einen in die andere Welt. Das heißt *da sein bis an der Welt Ende*. Natürlich war das kein Abendmahl im traditionellen Sinne – es wurde kein Dankgebet für das Essen gesprochen, es wurde nicht ausdrücklich Jesu Leben und Leiden erinnert und es wurde nicht um den Heiligen Geist gebeten. Und trotzdem war alles davon da: der Dank, die Geschichte Jesu und der Geist Gottes ganz sicher.

Bei unserem letzten Weihnachtsfest musste ich auch an das Abendmahl denken. Wir hatten für zwei Freunde gekocht, die mit Kirche völlig unvertraut sind. Ich hatte zwei Enten besorgt, die wir im Laufe eines ganzen Tages mit Karotten und Kräutern und Äpfeln gefüllt und dann immer wieder mit ihrem eigenen Kochsud übergossen haben. Stundenlang standen wir in der Küche, um alles vorzubereiten für den Heiligabend. So wie viele andere das auch machen an Weihnachten. Wir hatten eine besondere Flasche Wein besorgt, und als dann alles auf den Tisch gestellt wurde – die hellen Klöße und der saftige Rotkohl und das Apfel-Pfirsich-Kompott – und auch der Wein in die großen und dafür extra aufgesparten bauchigen Gläser eingeschenkt war, da gab es einen Moment, in dem mir etwas fehlte. Auf dem Adventskranz brannten alle vier Kerzen, beim Anstoßen wünschten wir uns »Frohe Weihnachten«, aber irgendwie fehlte etwas! Mir fehlte ein Ritual, das dieses besondere Essen in besonderer Gemeinschaft eröffnet hätte. Das hätte ein Gebet sein können oder ein gemeinsames Lied – aber auf all das wollten wir unsere Freunde, die mit Kirche und all ihren Ritualen nicht vertraut sind, nicht verpflichten. Vielleicht hätte es so ähnlich wie bei einer Hochzeit sein können. Dann hätte ich sagen müssen – und ich gebe zu, das klingt schon ganz schön feierlich:

»Heute ist ein besonderer Moment.
In besonderen Momenten tischt man auf.
In besonderen Momenten erhebt man das Glas.

In besonderen Momenten sagt man,
was man sich sonst vielleicht viel zu wenig sagt:

An euch ist mir wichtig, dass …
Wenn wir mit euch zusammen sind, bin ich dankbar für …
[…]

Das ist die Kraft von Weihnachten:
Die Kraft der Liebe – und die geht auch durch den Magen.
Das ist Gottes Reich mitten unter uns.
Und der Eintritt ist frei.

Frohe Weihnachten!«

Ich weiß nicht, ob unseren Freunden das Ende nicht zu krass gewesen wäre. Aber für mich ist es wichtig, diese Bedeutung immer wieder aufscheinen und nicht einfach unter den (Ess-)Tisch fallen zu lassen: Wir feiern ja auch Weihnachten nicht einfach ohne Grund. Und den Zugang zu diesem Grund, den möchten viele von uns Pastor:innen wieder freilegen. Für mich ist das Essen in diesem Geiste nichts weniger als das Vorwegnehmen einer anderen, tieferen und besseren Welt.

Interessant ist, dass die säkulare Welt diese alten christlichen Traditionen längst für sich umgebildet und passend gemacht hat. Die alte Abendmahlstradition scheint zum Beispiel wieder im »Diner en blanc« auf, das es seit über 20 Jahren in Paris gibt. Freundeskreise aus der ganzen Stadt und darüber hinaus strömen dann mit voll beladenen Picknickkörben in die sommernachtswarmen Straßen um den »Place de la Concorde« oder die »Champs-Élysée«, um an einem Juniabend bis in die Nacht mit Wildfremden und Vertrauten zusammen zu essen und zu trinken. An diesem Abend herrscht an diesen Plätzen autofreie Zone. Die Straßen werden mit mitgebrachten Tischen und Klappstühlen gefüllt. Jeder bringt ein dreigängiges Menü inklusive der Getränke mit. Das Erkennungszeichen ist die weiße Kleidung, von Kopf bis Fuß. Diese Bewegung hat inzwischen den ganzen Erdball ergriffen – in Toronto, New York, Singapur, Barcelona oder San Francisco gibt es das »White Dinner«. Und als »Weißes Dinner« gibt es den deutschen Ableger davon auch bei uns in Hamburg. Das fing im Jahr 2010 mit 900 Gästen im Szene-Stadtteil Eimsbüttel an, 2013 waren es in der Hafen-City schon über 6.500 Menschen,[9] danach boten viele Stadtteile ein eigenes Dinner an. Diese Veranstaltung will unkommerziell und unpolitisch sein – daher haben dort Verkaufsstände und Werbebanner keinen Platz. Alles, was an Kosten entsteht, finanziert sich über die Spenden der Teilnehmer:innen. Viele Spenden werden für einen guten Zweck weitergegeben. Alle Vorbereitungen sind ehrenamtlich. Was entsteht, entsteht durch jeden Menschen, der sich einbringt. Das kann eine spontane Gesangseinlage sein, ein erhellendes Gespräch oder auch ein gemeinsamer Tanz zwischen Kronleuchtern, Wunderkerzen und Sektkübeln. Alles ist möglich, wenn man sich darauf einlässt. Und es ginge natürlich auch in bunter Kleidung.

Gemeinsames Essen kann kleine – sogar große – Wunder hervorbringen. Und je einfacher das Setting, desto unkomplizierter können Menschen daran teilnehmen. Wir haben das am eigenen Leib an einem Novembermorgen an der Hoheluftbrücke in Hamburg gespürt, als wir wieder einmal mit der *Pop Up Church* unterwegs waren. Meike und ich und acht weitere Kolleginnen und Kollegen waren dabei. Wir hatten 30 Brote im Gepäck und kamen mit einem kleinen knallroten Kaffeemobil, das uns die katholische Gemeinde aus Tonndorf geliehen hatte. Von einer selbst gebastelten Karte ließen wir die Menschen wählen, was wir ihnen aufs Brot schmieren durften, was sie gerade am meisten brauchen: Geborgenheit, Hoffnung, Frieden, Leidenschaft, Segen oder auch ... Glamour – was darf's sein? Auch mehrere Wünsche waren selbstverständlich möglich. Hinter »Geborgenheit« verbarg sich Honig, als »Hoffnung« füllte Kresse das Brot. Das Heilige zeigte sich an diesem ganz gewöhnlichen Vormittag als der kurze Moment der Verbundenheit von Fremden, die eigentlich nur unterwegs waren, um kurz bei Edeka letzte Besorgungen zu erledigen oder noch schnell auf dem Markt die ein oder andere frische Köstlichkeit zu ergattern. Einige von ihnen blieben stehen, ließen sich ein belegtes Brot schenken und öffneten dabei ihr Herz. So wie der Mann, der gerade von einem Vortrag über Krieg und Frieden in einer Kirche zurückkam und dabei vermisst hat, dass für den Frieden auch gebetet wird, ebenso wie für Freunde und Feinde. Das sei doch mehr, als bloß darüber zu diskutieren. Er hat dann Angelika, die unter unseren Kolleg:innen auch wieder dabei war, gefragt, ob sie es nicht tun könne: beten. Und so stellte sie sich mit ihm an einen der kleinen Stehtische und faltete ihre Hände und versuchte, ihre Kraft auf den Wunsch nach Frieden zu konzentrieren. Ein kleiner Brief an Gott, mitten auf der Straße. Hinterher segnete sie den Mann. Und die Frau, die am Tisch neben ihm stand, fragte plötzlich, ob sie »so was« auch haben könne. »So was geben wir gerne weiter«, entgegnete Angelika lächelnd.

Ein älterer Herr stand mir gegenüber und sagte, dass es ihm nicht geschenkt sei, zu glauben. Seltsamerweise begann er direkt danach, von vielen Situationen aus seinem Leben zu erzählen, in denen er doch irgendwie das Gefühl hatte, Gott sei dabei gewesen. »Aber das klingt in meinen Ohren nach Glauben«, sage ich vorsichtig, »was soll Glaube mehr sein als das?« – »Na ja, stimmt vielleicht …«, murmelt er und beißt noch einmal in sein Hoffnungsbrot.

Es sind so unterschiedliche Begegnungen, wie die Menschen eben unterschiedlich sind: Die einen brauchen jemanden, der ihnen einfach mal eine Viertelstunde zuhört in ihrer Wut über Corona oder die Politik oder die Kirche, die anderen erzählen von ihrer bevorstehenden Diagnose und der Dankbarkeit, dabei selbst immer noch so viel Gelassenheit spüren zu können. Eine andere Person nimmt unsere Talare zum Anlass, um mit Meike über ihre eigene Bestattung zu sprechen. Die nächste ist erleichtert, dass Kirche hier nicht nur über den Kopf und übers Denken gehe, sondern auch mal übers Fühlen und Erleben. Das Brot und der Kaffee sind nur der Anlass, um endlich mal über etwas zu sprechen, was einen erleichtert, was den Druck von den Schultern nimmt. Solange die Kaffeetasse noch gefüllt ist, ist die Uhr noch nicht abgelaufen, fühlen die Leute eine Berechtigung, stehen zu bleiben und ihren Alltag zu unterbrechen und für einen Moment das Besondere darin aufscheinen zu lassen.

Ob das Abendmahl ist? Was wir hier gemacht haben, steht vielleicht eher in der Tradition der Agapemähler. »Agape« ist eines der vielen griechischen Worte für »Liebe« und meint die Liebe zu den Mitmenschen. Es ist sozusagen rituell eine Stufe »unter« dem Abendmahl angesiedelt und etwas freier in seinen Formen. Man könnte es vielleicht mit einer »heiligen Mahlzeit« umschreiben. Meike und ich sind uns jedenfalls nach diesem Tag sicher: Hier war heute etwas Heiliges geschehen, ein *st. moment* mitten auf der Straße, in Form eines Butterbrotes mit Hoffnung, Frieden oder Geborgenheit darauf.

Ein Ritual für dich

EINE HEILIGE MAHLZEIT, DIE DU MIT DEINEN FREUND:INNEN FEIERN KÖNNTEST

Wenn du magst, dann decke den Tisch mit schönen Tellern und Gläsern ein, um deine Freund:innen zu einem Abendessen der besonderen Art einzuladen. Vielleicht bringen deine Freund:innen aber auch selbst etwas zu Essen mit und füllen damit den Tisch. In der Mitte des Tisches könnte eine Kerze stehen.

SO KÖNNTE DER ABLAUF AUSSEHEN:

Einleitung der gastgebenden Person

»Heute ist ein besonderer Moment.
In besonderen Momenten teilt man, was man hat.

In besonderen Momenten erhebt man das Glas.
Prost, Gott – danke für alles, was unsere Tische und Gläser füllt!«

Alle stoßen miteinander an.

»In besonderen Momenten sagt man,
was man sich sonst vielleicht viel zu wenig sagt:

Was mir wichtig ist an dir/euch: [...]
Was uns miteinander verbindet: [...]
Wofür ich dankbar bin: [...]
Was ich mir für uns wünsche: [...]«

Die Mutigen unter euch fangen an, vielleicht trauen sich dann auch die anderen.
Seid einen Moment ganz still und lasst das nachklingen.

»Gott,
du hast gesagt, dass du in der klitzekleinsten Kleinigkeit anwesend bist,
wenn wir uns in deinem Namen versammeln
und teilen, was wir haben,
auf dem Herzen und auf dem Tisch –
lass uns verbunden bleiben,
für immer und ewig!«

Jetzt könntet ihr einen Freundschaftsschlachtruf oder einen Trommelwirbel anschließen, wenn euch danach ist, oder ihr ruft einfach noch mal »Prost, Gott!« in den Nachthimmel!

Erzählung 13
Raunächte. Mit der Dunkelheit auf Du

Emilia Handke

Hast du manchmal Angst vor der Dunkelheit? So wie ich? Angst, dass sich in Spiegeln plötzlich Gesichter formen. Dass sich hinter Bäumen auf einmal Gestalten bilden. Dass die Klinken der Vorder- und Hintertür gleichzeitig heruntergedrückt werden – ohne dass es überhaupt geklingelt hat. Es ist eine Angst vor dem Irrationalen: dass Verstorbene wieder erscheinen, weil im Leben Rechnungen offengeblieben sind. Um diese Angst zu bewältigen, habe ich als Kind gelernt, die Türen abzuschließen. Den Schlüssel blitzschnell herumzudrehen und dann sicherheitshalber auch noch die Kette davor zu schieben. Besiegen ließ sich die Angst vor den Geheimnissen der Dunkelheit dadurch jedoch nicht.

Jeanne Vera Caspar hat viele Stunden und Nächte allein in der Dunkelheit verbracht. Für ein ganzes Jahr ist sie in den Wald gezogen. In ein kleines, selbst gebautes Häuschen. Eigentlich will ich mit ihr über die Raunächte sprechen, weil ich davon in den letzten Jahren immer wieder gehört habe und weil mich das Wort »Raunächte« schon so lange fasziniert. Damit ist diese eigenartig stille Zeit um den Jahreswechsel gemeint, ungefähr vom 25. Dezember bis zum 6. Januar. Sie beginnt, nachdem alle Lieder gesungen, alle Pflichten getan, alle Geschenke ausgepackt und alle Kerzen heruntergebrannt sind. Diese zwölf Nächte stammen ursprünglich aus dem sagenumwobenen Jahreskreis der nordischen Völker. Da wird von den Seelen der Verstorbenen erzählt, die mit den Winterstürmen über das Land brausen, von »Frau Percht« und der »Wilden Jagd«, vom »Schimmelreiter« oder vom »Klapperbock«. Aus den vielen übernatürlichen Gestalten dieser Sagen wurde später im Christentum dann der eine Gott, aus dem Geschrei der »Wilden Jagd« das Geschrei eines wehrlosen Säuglings, aus den reitenden Geistern die Menge der Himmlischen Heerscharen, aus der Finsternis das helle Licht eines Erlösers. Was auch immer diese alten Geschichten im Einzelnen erzählen, sie haben das Wissen bewahrt, dass in dieser Zeit die Schleier zu anderen Welten dünner sind als sonst und dass es sich lohnt, sich mindestens einmal im Jahr Zeit für das innere Chaos, die abgrundtiefen Sehnsüchte oder die sprichwörtlichen Leichen im Keller zu nehmen.

Als ich Jeanne nach Ritualen zu den Raunächten fragen will, spüre ich aber, dass es ihr um etwas viel Grundsätzlicheres geht. Und das hat mit der Dunkelheit zu tun. In diesem Jahr sei der Winter besonders lange dunkel gewesen, sagt sie. Wenn man nicht gerade in einem selbst gebauten Häuschen im Wald lebt, dann bekommt man davon nicht so viel mit. Man dreht den Schlüssel um, knipst das Licht an, dreht die Heizung auf und schaltet den Fernseher ein. All das lenkt ab, beruhigt. All das schützt vor der Dunkelheit. Aber damit lassen wir die Kräfte der Natur und den Kreislauf des Lebens eben auch weniger an uns heran, sagt Jeanne. Wenn man im Wald lebt, fährt sie fort, dann sei man gezwungen, eine Beziehung zur Dunkelheit aufzubauen, sich mit ihr zu arrangieren – denn sonst könne man diese Zeit nicht überleben. Für Jeanne sind die Raunächte also weniger einzelne Rituale, die man abhalten kann, um etwas im eigenen Leben zu verändern, als vielmehr eine bestimmte Zeitqualität, die uns zum inneren Wachstum hilft. Denn die Dunkelheit lässt sich nicht aussperren. Sie ist Teil unseres Lebens. Aus ihr entspringt die Kraft des Frühlings, die über das Spiel der Formen und Farben im Sommer zur Fülle und Reife wächst, um dann wieder in den Sterbeprozess im Herbst einzutreten und sich zur inneren Essenz hineinziehen zu lassen. Mit dem ersten November – im Volksmund und im Kirchenjahr »Allerheiligen« genannt – richtet sich der Blick auf die Ahnen: Menschen, die zwar gestorben, aber irgendwie immer noch präsent sind. Das Sichtbare tritt in den Hintergrund und das Unsichtbare in den Vordergrund. Es folgen Volkstrauertag und Totensonntag. In dieser Zeit ruhen die Samen bereits in der Tiefe der Erde. Irgendetwas geschieht mit ihnen, aber wir wissen nicht genau was. Diese Zeit bis zum 2. Februar ist ein Zwischenraum, in dem man nichts tun muss. Und genau das ist für Jeanne in dieser Zeit zu lernen: innehalten. Fragen. Warten. In sich gehen. Sich öffnen.

Die alten Geschichten erzählen davon, dass in dieser Zeit der Lebensfaden gesponnen wird. Einzelne Rituale können dabei helfen, das Fragen und Aushalten, das in sich hinein Horchen und Öffnen zu gestalten. Sie sind dann eine Form der Kontaktaufnahme mit der Dunkelheit – vielleicht ein Angebot zum Du, auf jeden Fall aber die Möglichkeit, sich ein wenig mehr auf das Dunkle einzulassen, auf Tuchfühlung zu gehen, um zu spüren, was daraus erwächst. Jeanne selbst richtet in dieser Zeit der größten und der tiefsten Dunkelheit im Wald einen kleinen Platz für die Ahnen ein. Das müssen nicht immer konkrete Personen sein, manchmal sind es auch Themen, die in der Stille und Einsamkeit aufsteigen. Für sie sind es die nicht fassbaren Energien des Lebens. Man kann ihnen einen Namen geben, wenn man möchte. Muss es aber nicht. An diesem Ort entzündet sie dann eine kleine Kerze, um dort eine Zeit zu verweilen. Um nicht wegzudrücken, was aufsteigt. Sondern dem, was kommt, Raum zu geben in der eigenen Seele. Und zu wissen, dass man selbst in dieser Zeit der Dunkelheit nichts lösen *muss*. Alle Rituale der Raunächte verfehlen ihre Absicht, wenn man sie als To-do's auf einer Liste begreift. Abarbeiten, und schon stellt sich ein Ergebnis ein. So läuft das nicht mit der Dunkelheit. Wer diese Zeit ernst nimmt, erwartet kein Ergebnis, sondern lernt das Lassen. Alle Fragen können übergeben werden an die Energie, die manche »Gott« nennen, andere »Mutter Erde«, »Kosmos« und noch anders. So wie die kleinen Samen ja auch in der Erde ruhen und dort in der Dunkelheit für uns unsichtbar darauf warten, zu wachsen, emporzukommen. Auf diese Weise sind die Raunächte eine Übung des Loslassens.

Heute sind die Rituale vor allem der Raunächte ziemlich durchkapitalisiert, wirken wie die Verführung zu einem magischen Spiel: »Kaufe dieses Kartenset und gehe wie folgt vor. Dann wird dir dies oder das geschehen.« Das wird der Zeitqualität, über die Jeanne redet, natürlich überhaupt nicht gerecht. Wenn wir uns wirklich auf die Zeit der Raunächte einlassen wollen, dann sollten wir uns der Bewegung, in die wir eingebunden sind und die viel größer ist als jeder Hokuspokus, bewusst sein. Es ist eine Bewegung vom Werden und Vergehen. Einmal hat Jeanne in einem Ritual etwas von sich beerdigt, und während sie das tat, war sie sich auf einmal nicht mehr sicher, ob sie tatsächlich gerade beerdigt oder nicht viel eher etwas pflanzt. Im Winter sind die Bewegungen des Frühlings schon enthalten. Darauf gilt es zu vertrauen:

nur sein

tief unter der schneedecke
im dunkel
ruhe ich stumm

alle möglichkeiten
alle wünsche und fragen
wirken wie blumen
die sehr weit weg blühen könnten
die viel später vielleicht blühen werden
sie haben keine relevanz
keine existenz
gerade ist nichts

tief unter der schneedecke
im dunkel
ist es still
es ist nichts
nur sein.[10]

»Anfangen kannst du mit ganz wenig«, sagt Jeanne. Die Zeit der Dunkelheit könne jeder auch ohne ein selbst gebautes Häuschen im Wald nah zu sich holen, indem man für eine kleine Weile das Licht im Wohnzimmer ausknipst und das Handy zur Seite legt. »Und dann bist du nur da und horchst in dich hinein: Was ist gerade in mir? Worum geht es mir in meinem Leben?« Natürlich kannst du dazu auch einen kleinen Platz in deiner Wohnung für die Ahnen einrichten mit Gegenständen, die du mit ihnen verbindest, oder auch für Gott und zu einer bestimmten Uhrzeit an jedem Tag eine Kerze oder etwas zum Räuchern anzünden. Gerüche können die Atmosphäre eines Raums und deine Stimmung darin verändern. Sie können dir dabei helfen, den Kopf frei zu bekommen und dich auf Neues einzulassen. Es gibt viele Möglichkeiten der Beziehungsaufnahme zu dir selbst in diesen besonderen Tagen. Eine weitere wäre es, die eigenen Träume aufzuschreiben und ihnen in dieser Zeit besonders nachzuspüren. Eine andere, ganz bewusst nach draußen in den Wald oder in die Natur aufzubrechen und sich als Teil dieses großen Ganzen zu begreifen.

Ein Ritual für dich

ANLEITUNG FÜR EINEN NATURGANG[11]

Zunächst ist wichtig, dass es hierbei nicht um einen bloßen Spaziergang in der Kulisse der Natur geht, sondern darum, sich auf die Natur wirklich einzulassen, die eigene Innenwelt mit der (Außen-)Welt der Natur zu verbinden. Alles, was du in dieser Zeit wahrnimmst, ist wahr – es gibt da kein Richtig und kein Falsch. Stell dir am besten einen Wecker nach zwei bis drei Stunden, damit du dich in der Zeit in der Natur verlieren kannst.

Bevor du dich auf diesen Weg machst, ist es gut, eine Schwelle zu bauen und sie auch zu schmücken. Das kann z.B. eine kleine Anhöhe aus Blättern und Steinen oder ein geschmückter Erdhügel sein. Vor dem Übertritt hilft es, noch einmal in dich zu gehen und dir gewahr zu werden, dass dieser Übertritt deine Wahrnehmung vom Leben verändern wird: Die Natur wird dann kein Objekt mehr sein, sondern ein Teil von dir. Du nimmst ihr Beziehungsangebot an. Vor dem

Übertritt der Schwelle kannst du also tief Luft holen und atmen oder ein Gebet sprechen – was immer dir in den Sinn kommt. Wenn du die Schwelle übertreten hast, gestatte dir, kindlich zu sein und die Welt wie ein Neugeborenes zu erkunden: auf dem Boden herumzukriechen, deine Nase ins Laub zu pressen, das Moos zu tasten und dich dem Erleben der Natur hinzugeben. Solche Hingabe ist nichts für Feiglinge – denn sie fordert Öffnung. Wer weiß, welche Sehnsüchte, welche Erinnerungen plötzlich in dir aufsteigen. Folge ihnen. Lass alles zu, was zu dir kommt: Traurigkeit oder den Drang zu schreien, zu singen, auf einem Baumstamm zu galoppieren oder dich unter einen Baumwipfel zu legen. Erzähle den Bäumen und Farnen von dem, was in dir aufsteigt – sie merken es sowieso. Die Natur reagiert auf dich. Nimm ihre Zeichen ernst und banalisiere sie nicht.

Wenn dein Wecker klingelt, kehrst du zurück. Hältst noch einmal vor der Schwelle inne, um zu spüren, was dich bereichert, aufgewühlt oder auch beruhigt hat. Dann löst du die Schwelle auf und gibst der Natur zurück, was du von ihr genommen hast.

Was du auf diesem Weg erlebt hast, ist eine Art heilige Geschichte, die für dich eine ganz persönliche Bedeutung hat und gut behütet sein will. Es kann helfen, sie in einem geschützten Raum mit einer Person deines Vertrauens – oder auch einer kundigen Natur-Ritualleiterin – zu teilen. Sie kann spiegeln, was sie darin hört – sodass du dich selbst damit auf neue Weise verstehen kannst. Auch das ist ein Anfang.

Abschied, oder: Die Sehnsucht nach einem guten Ende

Meike Barnahl

Wenn wir es genau betrachten, dann besteht unser ganzes Leben aus Abschieden. Sie reihen sich aneinander wie die Perlen einer Kette. Die erste in der Reihe ist immer etwas Besonderes. Das erste Mal ganz allein auf dem Spielteppich in der Krippe – der Papa ist für die ersten paar Minuten aus dem Raum gegangen. »Ich komme gleich wieder, mein Schatz!«, hat er beruhigend gesagt. Und wirklich: Er kam gleich wieder. Abschied lernen … Viele kleine Perlen reihen sich aneinander. Eine Weile später kann die Mama dann schon mit einem Lachen aus der Tür geschubst werden, ein fröhliches Winken noch und dann auf dem Absatz kehrtmachen, ab in die Tobeecke mit dem besten Freund: Höhle bauen. Irgendwann ist die Zeit reif für den nächsten großen Abschnitt. Vor dem großen Moment mit der bunten Schultüte kommt erst der Abschied aus dem Kindergarten. Denn jedem Neuanfang geht ein Abschied voraus. Wir lassen Menschen zurück und einen Teil unseres bisherigen Lebens, wenn wir mit einem Abschied in den Übergang zu etwas Neuem eintreten. Und so schließt sich der Kreis zum ersten Kapitel in diesem Buch: Aufbruch.

Im Dorf, in dem ich lebe, werden für die Kinder, für die der letzte Tag in der kirchlichen Kita bevorsteht, schon eine Woche vorher die Fenster auf besondere Weise geschmückt: Gute Wünsche stehen da mit Fingerfarbe auf den Scheiben, Blumen, Herzen und die Namen der Kinder. Eine weitere Besonderheit ist der traditionelle »Fenstersprung«: Wenn der Tag des Abschieds gekommen ist, werden die Fenster geöffnet, und die Kinder springen durch den mit bunten Kreppgirlanden geschmückten Rahmen vom Fenstersims herab – raus aus dem vertrauten Raum der Kita, hinein ins Freie, Ungewisse, aber erst mal in die Arme der bereitstehenden Eltern. Die allermeisten Kinder haben den Schulranzen beim Sprung ins Neue schon auf dem Rücken. Eltern, Erzieher:innen und die anderen Kinder singen dazu:

»Und so geh nun deinen Weg,
ohne Angst und voll Vertrau'n.
Dass du nicht alleine gehst,
darauf kannst du bau'n.
Gottes guter Segen zieht mit dir ins Land
und auf allen Wegen hält dich seine Hand.«[12]

Die Kinder sind stolz und aufgekratzt, freudig, aber auch wehmütig. Etwas Neues beginnt – das ist zwar spannend, aber das Vertraute müssen die Kinder nun hinter sich lassen. Die Eltern wischen sich mehr oder weniger verstohlen eine Träne aus dem Augenwinkel. Auch für sie ist es ein Abschied. Die Kleinen sind nun nicht mehr klein, und wieder einmal wird alles anders werden. Später dann der Abschied aus der Grundschule, noch später die wilden und würdigen Feiern rund um den Schulabschluss: vom Ball bis zum Gelage, von der Zeugnisübergabe bis zum Auszug in die erste eigene Bude.

Irgendwann geht vielleicht die erste Beziehung in die Brüche. Wieder eine besondere Perle auf der Kette. Bei den meisten von uns werden noch mehr Trennungserfahrungen im Laufe des Lebens hinzukommen. Bloß weil man das öfter erlebt, heißt es allerdings nicht, dass es leichter wird. In Erzählung 15 »Voneinander loskommen« geht es genau darum: Wie schwer das manchmal ist, eine Verbindung zu lösen. Denn da war ja mal was sehr Existenzielles, was uns ver- und gebunden hat. Aber jetzt kommt es darauf an, den Abschied zu wagen, uns selbst zu helfen, zu gehen – und zwar im Guten. Es hilft, zu würdigen, was gut war. Und anderes zurückzulassen, was von nun an nicht mehr als Ballast mitgeschleppt werden muss. So entsteht Freiraum für Neues.

Wie für alle größeren Abschiede brauchen wir dafür viel Kraft, und es ist gut, wenn wir uns Zeit dafür nehmen. Unsere Seele braucht diese Zeit, um mitzukommen, sich zu sortieren und zu regenerieren. Rituale helfen dabei, denn sie schaffen einen Rahmen und einen Raum, in dem wir Abstand gewinnen und innehalten können und in dem wir uns auch heftige Gefühle erlauben können.

Manchmal geht es nicht um die Trennung von Menschen, sondern wir müssen uns im Leben von lang gehegten Wünschen und Vorstellungen trennen: Es wird zum Beispiel nichts mit dem bestimmten Ausbildungsplatz, oder ich muss mich mit dem Gedanken auseinandersetzen, dass meine erste Beziehung nicht für immer hält oder ich nicht Mutter oder Vater werde. Erzählung 14 »Mein Abschied von einem Traum« handelt von diesen Abschieden. Nicht immer geschehen sie durch äußere Ereignisse. Manchmal passiert der Abschied auch viel leiser und unauffälliger. Vielleicht merken wir erst nach einer Weile, dass wir uns an alten Wünschen und Idealbildern vorbeientwickelt haben. Sie passen dann einfach nicht mehr zu uns oder wir zu ihnen. Wenn ich etwa immer Stewardess werden wollte, mir ausgemalt habe, wie es ist, durch die Welt zu jetten, jede Nacht woanders zu sein und immer über den Wolken ... und dann merke, wie wichtig es mir ist, abends in mein vertrautes Bett zu kriechen und morgens als Erstes barfuß auf die Wiese vors Haus zu treten ...

In solchen bewussten Abschieden von Wünschen und Vorstellungen sind wir viel weniger geübt als in anderen Abschieden und gehen deshalb häufig zu schnell darüber hinweg oder gestehen es uns gar nicht erst ein. Und so tragen wir diese Wünsche wie Gespenster mit uns rum, manchmal viel zu lange. Es kann schmerzhaft sein, das zu erkennen. Aber auch sehr befreiend, wenn wir sie endlich beim Namen nennen und loslassen.

Auf gewisse Weise ist das auch bei einer sogenannten Fuck-Up-Night so, um die es in der Erzählung 16 geht. Nur stehen hier nicht die Wünsche und Träume im Fokus, von denen wir uns verabschieden, sondern der Umgang mit Scheitern, vor allem im beruflichen Kontext. Es geht darum, was wir tun, wenn wir auf die Nase fallen, vor die Wand rennen oder einfach völlig danebengegriffen haben. Es geht um Fehler, die wir gemacht haben, aber auch darum, dass wir mit unseren Ideen und Idealen scheitern, von denen wir überzeugt waren oder es noch sind. Die Rede von einer guten »Fehlerkultur« scheint heutzutage in jedem Unternehmen zum guten Ton zu gehören, dabei gibt es im wirklichen Berufsalltag leider noch viel zu selten eine Umgebung, in der wir uns sicher genug fühlen, auch unsere verletzlichen Seiten zu zeigen. Das ist aus mehreren Gründen nicht gut. Zum einen, weil Fehlermachen und Scheitern untrennbar zum

Menschsein gehören, erst recht, wenn wir etwas wagen und uns aus unserer Komfortzone heraustrauen. Und auch im Büro – oder wo auch immer wir arbeiten – sind wir echte, ganze Menschen und nicht nur »human ressources«. Zum anderen, weil wir nur dann – und am besten gemeinsam – aus Fehlern lernen können, wenn wir uns nicht dafür schämen müssen, sondern sie miteinander teilen und sie schließlich hinter uns lassen können. Es ist interessant, dass in der jungen Fuck-Up-Bewegung, die sich schnell über die ganze Welt verbreitet hat, etwas von alten christlichen Beicht- und Bußritualen aufscheint, die von Versöhnung mit sich selbst, mit den Mitmenschen und mit Gott erzählen. Auch das braucht es immer wieder, wenn wir weitergehen wollen auf unserer Reise des Lebens.

Unter allen Abschieden ist der Tod der radikalste. Er ist der Abschied aller Abschiede. Am Ende unseres Lebens, wenn wir diese Welt verlassen, reiht sich mit unserem eigenen Tod die letzte Perle in unsere Abschiedskette ein. Dann gehen wir. Vorher sind wir diejenigen, die zurückbleiben. Sehr wahrscheinlich kommen einige Perlen dieser Art im Laufe unseres Lebens auf unserer Kette zusammen. Irgendwann, meist als Kind, lernen wir den Tod kennen. Vielleicht, weil wir einen toten Vogel am Straßenrand gefunden haben. Je nach Alter finden wir es, wie alle Kinder, erst mal ziemlich interessant und traurig zugleich. Wenn dann jemand mit uns diesen Vogel liebevoll in die Erde legt, mit uns Blumen pflückt fürs Grab und vielleicht sogar ein Kreuz oder einen Grabstein mit uns gestaltet und uns so zeigt, wie wir Abschied nehmen können, dann können wir früh erfahren, wie hilfreich Rituale sind. Vielleicht erzählt dieser Jemand auch von der Hoffnung, dass mit dem Tod nicht alles aus ist. Und wir stellen uns dann vor, wie der kleine Vogel in einer anderen Welt, bei Gott, wieder fliegen kann und fröhlich durch die Luft tanzt gemeinsam mit vielen anderen Vögeln. Wenn dann unser geliebtes Haustier stirbt und das so viel mehr weh tut, als wir dachten, können wir an diese Hoffnung anknüpfen. In Erzählung 17 sagen wir »Ciao Bello!« und lernen Rituale kennen, die dann gut sind.

Ultimativen Abschiedsschmerz erleben wir, wenn ein geliebter, nahestehender Mensch stirbt. Nach dem ersten Schock und Entsetzen müssen wir oft ungeheuer vieles regeln. Viele Entscheidungen liegen dann bei uns: Welcher Sarg soll es sein? Wie können wir gut Abschied nehmen? Fragen wir einen Pastor, eine Pastorin für die Trauerfeier? Was hat zu ihr gepasst? Welche Musik hätte er sich gewünscht? Tragen wir Schwarz? Oder gerade nicht? Soll das Grab auf dem Friedhof sein? Oder im Wald? Oder im Meer? Oder die Asche zum Diamanten gepresst werden? Nicht zu vergessen die ganzen Formalitäten: Sterbeurkunden verschicken, Verträge kündigen, das Pflegeheimzimmer oder die Wohnung ausräumen und so vieles mehr. Es ist hilfreich, wenn wir zu Lebzeiten miteinander darüber sprechen konnten, wie es einmal sein soll. Die Wünsche der Verstorbenen sind wichtig, aber genauso auch die Frage, was wir brauchen, um gut Abschied nehmen zu können. Was uns stützt und hilft in dieser schweren Zeit. Nach diesen Tagen und manchmal Wochen, in denen wir organisieren und funktionieren, ist das Ritual der Trauerfeier und Beisetzung oft ein wichtiger Einschnitt. In der Trauerfeier kann der Schmerz ausgesprochen werden, aber auch alle anderen Gefühle. Wir erinnern uns an ein ganzes Leben, mit Licht und Schatten, mit Anekdoten, die uns ein Grinsen ins Gesicht zaubern, schöne Momente, die wir im Herzen tragen, aber auch die Zeiten, in denen wir es schwer miteinander hatten. In der christlichen Trauerfeier lassen wir den Himmel über uns aufscheinen und weben uns ein in die Hoffnung, dass unsere Verstorbenen jetzt in Gottes Liebe geborgen sind. Irgendwo – das glauben wir fest – wird es einen Ort geben, wo alle an einem Tisch sitzen und uns willkommen heißen, wenn auch wir in diese andere Welt eintreten.

Wenn wir am Grab stehen und unsere Hände in die Erde greifen, um sie in die Tiefe zu werfen, helfen wir symbolisch, den toten Körper zu begraben. Emilia und ich nehmen dafür nie die Schaufel, die die Friedhofsmitarbeiter:innen bereitgestellt haben. Uns ist es wichtig, die Erde oder den Sand in die Hand zu nehmen und unmittelbar zu spüren. Manchmal lassen sich auch andere davon anstecken.

Mit den Erzählungen 18 und 19 schauen wir in die Zeit danach, in die Zeit der Trauer, des Suchens und Auseinandersetzens mit dem Verlust und dem Sammeln der kostbaren Erinnerungen an unsere Toten. Das kann auf ganz unterschiedliche Weise geschehen und muss vor allem nicht immer eine Zeit der Trübsal sein. Beim »Fest der Toten« in Berlin wird zum Beispiel bei einem großen Festmahl an die Verstorbenen erinnert – es wird gegessen, erzählt, gefeiert und gelacht. Etwas leiser geht es dagegen zu, wenn wir uns in Hamburg treffen und ein kleines Schiffchen bauen, um uns mit der verstorbenen Person zu verbinden. Aber egal ob Kummerkutter oder Fest der Toten: Wenn wir uns erinnern und ganz bewusst Abschied nehmen, liegen Weinen und Lachen oft nah beieinander.

Erzählung 14
Mein Abschied von einem Traum. Ritual zum Loslassen

Meike Barnahl

Als Jugendliche, so mit 15 oder 16 Jahren, hatte ich in meinem Tagebuch eine lange Liste von Namen. Ich sammelte sie überall, wo sie mir begegneten, und ergänzte meine Liste über die Jahre immer weiter. Ich sammelte sie für die Kinder, die ich mir in ferner Zukunft wünschte. Ich weiß noch genau, dass ich auch damals schon davon träumte, einmal eine ganze Horde zu haben – laut und trubelig und sympathisch-chaotisch stellte ich mir mein Leben vor. Das fühlte sich richtig für mich an. Schon damals war ich leidenschaftliche Babysitterin. Ich war in mehreren Familien mit drei oder vier Kindern beschäftigt, und häufig kamen die ganzen Nachbarskinder noch dazu. Ich schaukelte das mit links, so unbefangen, wie das vielleicht nur eine 15-Jährige kann – selbst dann, wenn es unangenehm wurde und alle miteinander von einem Magen-Darm-Virus überfallen wurden. Ich war erprobt als Teamerin bei Kinderfreizeiten und auch durch eigene kleine Geschwister. Später wurden meine Wünsche präziser. Vier Kinder, das schien mir eine gute Zahl. Immer noch viele – aber es ist keines »übrig«, dachte ich mir, wie vielleicht bei drei Kindern oder fünf. Natürlich wusste ich ganz genau, dass es überhaupt keine Selbstverständlichkeit oder Sicherheit gäbe, dass meine Träume und Wünsche einmal in Erfüllung gehen würden. Sehr schmerzlich bewusst wurde mir das einmal mehr, als im Studium eine langjährige Beziehung in die Brüche ging und ich für eine lange Zeit Single war.

Zu allem Überfluss kam genau in dieser Zeit auch noch die Nachricht, dass ich zum Vikariat, den praktischen Ausbildungsjahren als Pastorin, in ein winzig kleines Dorf in Schleswig-Holstein gehen sollte. Für die nächsten drei Jahre! Wo sollte ich da jemanden kennenlernen, mit dem ich meine Zukunft planen könnte? Mit dem ich meinen Traum und meine Lebensvorstellung teilen könnte? Absolut aussichtslos, dachte ich.

Es gingen Monate und Jahre ins Land, und ich dachte: Das war's dann für mich und meinen Lebenstraum. Nur wie damit abfinden? Irgendwie ging beides gleichzeitig – die Wut und das Nicht-aufgeben-Wollen. Irgendwann kam ein befreundetes Paar vorbei mit einem ihrer Freunde im Schlepptau. Und da war er, mein Herzensmensch, mit dem ich mein Leben teilen wollte. Und der mit mir die Vorstellung teilte, dass Kinder zu unserem gemeinsamen Leben gehören sollten. Der Freund im Schlepptau ist heute mein Mann.

Ende gut, alles gut? Im Gegenteil. Auch jetzt lief die Sache mit der Wunscherfüllung nicht einfach nach Plan. So ist das eben mit den Wünschen. Wir haben sie nicht allein in der Hand.

In meiner ersten Schwangerschaft traten vielfältige Komplikationen auf, sodass ich lange, bange Wochen nur im Krankenhaus liegen konnte, verzweifelt hoffend und betend, dass unser Kind überlebt. Als ich unser Kind endlich überglücklich in den Armen halten durfte – zwar als Frühchen an Schläuchen hängend, aber lebend und augenscheinlich gesund –, hatte ich zunächst nur noch Augen und Energie für das für mich süßeste Wesen auf der Welt.

Aber nach einer Zeit meldete er sich wieder, mein Wunsch nach einer großen Familie. Unser geliebtes Kind sollte gemeinsam mit Geschwistern aufwachsen können. Gefühlt hatte ich alles, und trotzdem wollte ich in meinem tiefsten Inneren noch mehr. Und tatsächlich wurde ich bald wieder schwanger. Und wie unfassbar dankbar waren wir, dass diesmal alles unkompliziert war. Ich war topfit, alles lief wie im Lehrbuch. Einen Tag vor dem errechneten Geburtstermin kündigte sich die Geburt an – diesmal schien alles gut zu sein.

Doch dann riss meine Gebärmutter, und in letzter Sekunde wurde unser Leben, meines und das unseres Kindes, durch einen Kaiserschnitt gerettet.

»Ich musste einiges zusammenflicken«, sagte die Ärztin zu mir, »das war nicht ganz einfach.« Ich hörte gar nicht richtig hin, denn ich war ein zweites Mal schockverliebt. Ich hatte nur Sinne für mein wunderschönes Kind, das tatsächlich klein und zart in meinen Armen lag, ruhig atmete und leise lächelte.

In den ersten Tagen schien alles gut zu verheilen, auch nach einigen Wochen, als ich bei meiner Frauenärztin zur Nachkontrolle war, konnte sie nichts Problematisches feststellen. Trotzdem, so sagte sie mir, dürfe ich das nicht auf die leichte Schulter nehmen. Sie wusste von meinem Wunsch. »Viele Kinder werden Sie nicht mehr bekommen können«, sagte sie mir, »aber wenn alles weiterhin so gut verheilt, sollte nach ausreichend Zeit einer weiteren Schwangerschaft nichts im Weg stehen.«

Später habe ich verstanden, dass in diesem Moment der Abschiedsprozess begonnen hatte. Zuerst versetzte es mir einen Stich, dass mein Wunsch nicht mehr in vollem Umfang erfüllbar war. Ich korrigierte ihn von vier auf drei. Denn es gab ja noch Hoffnung. Im Nachhinein merkte ich, dass gerade das am anstrengendsten war. Dass ich mich an diesem Punkt noch nicht ganz von meinem tiefen und lang gehegten Wunsch verabschieden konnte, einfach weil die Hoffnung noch nicht am Ende war.

Nach einiger Zeit musste ich jedoch wieder operiert werden, weil die Wunde einfach nicht heilen wollte. Wieder ein Auf und Ab – erst sah es gut aus, dann wieder war es so schlecht wie zuvor. Und jetzt ging es gar nicht mehr in erster Linie darum, ob ich noch Kinder bekommen könnte, sondern darum, Gefahr für mich selbst, für mein Leben abzuwenden. Erstaunlicherweise hielt ich dennoch weiterhin an meinem Traum fest – das spürte ich besonders in den einsamen Tagen im Krankenhaus. Oder anders gewendet: Der Traum ließ mich nicht los. Inzwischen hatte ich sogar einen Namen für dieses eine noch gewünschte Wesen. Falls es doch noch einmal dazu kommen würde, war ich vorbereitet. Nichts von der Liste aus meinem alten Tagebuch, sondern Namen der Großmutter und Urgroßmutter, so wie auch unsere anderen Kinder Namen ihrer Großeltern und Urgroßeltern tragen.

Aber irgendwann war der Zeitpunkt gekommen, an dem ich mich und wir uns entscheiden mussten: Weiter wagen und die Risiken in Kauf nehmen, operieren und hoffen? Oder: Den Wunsch endgültig loslassen?

Mittendrin ist es manchmal schwer zu verstehen, was mit einem geschieht. In der Rückschau verstehe ich, dass solch ein Abschied nicht in einem Moment geschieht, sondern sich aus vielen kleinen Abschiedsmomenten zusammensetzt. Als erste Phase in diesem Abschiedsprozess kommt das Nicht-wahrhaben-Wollen. Dann wird Widerstand laut. Das Akzeptieren und Annehmen schleicht sich in kleinen Wellen ins Herz hinein. Manchmal fühlt es sich dann an, als würde sich alles nur im Kreis drehen. Zwei Schritte vor, einer zurück.

Wenn wir einen geliebten Menschen oder ein Tier, das zur Familie gehört, verlieren, kennen wir diesen schmerzvollen Abschiedsprozess. Aber auch Wünsche, Träume und Vorstellungen für unser Leben können so einnehmend, so machtvoll sein, so identifikationsstiftend, dass der Abschied von ihnen mindestens genauso schwerfällt. Abschied ist ein langer Weg. Und in diesem Fall haben wir wenige bekannte Pfade, die uns das Gehen etwas erleichtern könnten.

Wenn ein Mensch stirbt im nahen Umfeld, dann gibt es in der Regel großes Verständnis. Ich sage »in der Regel«, weil das gerade bei sehr alten und oder kranken Menschen nicht immer so ist. Und auch wenn ein Kind still geboren wird, vor allem im ersten Drittel einer Schwangerschaft, ist nicht immer Verständnis für die Trauer der Eltern, Geschwister und Angehörigen da. Glücklicherweise hat sich da schon viel verändert durch Betroffene, die sich trauen, ihre Trauer nicht zu verstecken. Vor allem in den sozialen Medien macht das vielen Menschen Mut, sich anzuschließen und ihre eigene Trauer zuzulassen und auszudrücken – und dadurch zu verarbeiten.

Wenn es aber um den Abschied von Wünschen und Vorstellungen geht, dann ist in unserer Gesellschaft das Tabu sehr mächtig. Und nicht selten legen wir es uns auch selbst auf und erlauben uns diesen Trauerprozess nicht einmal im Inneren, wir ignorieren oder bekämpfen ihn sogar manchmal.

Auch ich habe fast nie darüber gesprochen. Denn ich hatte ja zwei wunderbare Kinder, die ich über alles liebte. Wie gesegnet war ich! Mir war das Leben geschenkt worden und meinen beiden Kindern auch. Ich kam mir undankbar vor und wollte diesen Abschiedsschmerz in mir nicht zulassen. Er schien mir nicht gerechtfertigt zu sein. Denn es gab doch so viel mehr Menschen, die *wirklich* Grund zur Trauer hatten. Ich kannte so viele Menschen, durch meine Arbeit als Pastorin, aber auch unter unseren Freunden, die mit so unfassbar viel schwereren Verlusten umgehen mussten. Dagegen wirkte meine Geschichte lächerlich und ja, undankbar, fand ich.

Ein- oder zweimal habe ich mich getraut, wahrheitsgemäß auf das »Wie geht's?« von Freundinnen zu antworten. Doch sie sagten mir auch nichts anderes als das, was ich mir im Stillen ständig selbst sagte: »Konzentrier dich auf deine beiden wunderbaren Kinder und freu dich einfach an ihnen.« Sie hatten ja vollkommen recht – aber geholfen hat es mir gar nichts. Der Schmerz ging einfach nicht weg.

Heute bin ich überzeugt: Es ist nicht gut, wenn wir unsere Geschichten, unsere Verletzungen messen und vergleichen. Meine Geschichte steigt gegen deine Geschichte in den Ring. Mein Verlust tritt gegen deinen Verlust an. Mein Schmerz gegen deinen. Gibt es nicht immer Menschen, denen es schlechter geht, die es noch härter getroffen hat? Aber was soll dieser »Wettkampf«? Leid ist individuell und Trauer auch. Genauso, wie wir körperliche Schmerzen ganz unterschiedlich empfinden, ist das auch mit seelischen. Objektive Beurteilungen helfen niemandem. Sie führen nur dazu, dass wir versuchen, diese Gefühle zu verdrängen.

Was uns stattdessen helfen würde: Wenn wir das, was uns belastet, nicht verstecken müssten, weil wir uns schämen und denken, unser Leid ist zu lächerlich klein, als dass es erzählt werden dürfte. Wenn wir radikal akzeptieren würden, dass dieser Schmerz zum Leben gehört. Er ist nicht klein zu reden, und weder Ignorieren noch Verdrängen hilft, diesen Weg des Abschieds zu meistern.

Vielmehr hilft, das, was wir zurücklassen müssen, anzusehen, beim Namen zu nennen und dann, wenn wir bereit dazu sind, »Adieu« zu sagen.

So war es zumindest bei mir. Geholfen hat mir, dass die kleine Kirche auf dem Berg bei uns im Dorf immer offen ist – Tag und Nacht. Wann immer man sie braucht, kann man hinein. Manches Mal habe ich einfach eine Kerze angezündet, wenn ich mit meinen Kindern auf dem Weg in den Wald oder zum Spielplatz dort vorbeikam.

Und mit der Zeit konnte ich mir mehr und mehr kurze Momente erlauben, den Schmerz zu fühlen und im stillen Gebet auszudrücken, während die Kinder fröhlich durch die Bänke krabbelten. Auch meine Scham und das Gefühl, undankbar zu sein, habe ich ins Gebet legen können. Mit der Zeit spürte ich deutlich: Dieser Abschied ist vor Gott nicht zu lächerlich, als dass ich ihn nicht teilen könnte.

Eines Tages bin ich dann am Abend allein in die Kirche gegangen. Diesmal wollte ich mir Zeit nehmen. Ich hatte beschlossen, den Abschied bewusst zu begehen und meinen Wunsch beim Namen zu nennen. Ich zündete eine Kerze in der dunklen Kirche an und verabschiedete mich von *Inge Charlotte*, stellvertretend für das unbekannte Wesen, das niemals sein wird. Der Name war mein Symbol, das mir erlaubte, den Abschied zum Ausdruck zu bringen. Ich schrieb ihn zum allerersten Mal, an diesem Abend. Und dann sprach ich ihn aus – nicht nur in Gedanken, sondern laut und deutlich sprach ich ihn in diesen Raum hinein, in Gottes Ohr: »Leb wohl, Inge Charlotte.« Anschließend saß ich noch lange in der dunklen Kirche, betrachtete das flackernde Licht meiner Kerze auf den weißen Wänden. Sah, wie es sich spiegelte in dem roten Kreuz auf dem Altar und in dem Taufbecken – in dem meine beiden Kinder getauft worden waren.

Irgendwann war ich bereit, wieder aufzubrechen. Ich ließ die Kerze zurück, ging den Berg hinab in mein Leben. Das wunderbar war und sympathisch-chaotisch und – eben meins, mit zwei Kindern und meinem Lieblingsmenschen an meiner Seite. Was bin ich gesegnet!

Das ist meine eigene Geschichte – eine von Millionen Geschichten in unserer Welt. Für mich ist sie wichtig, denn sie ist ein Teil von mir. Ich erzähle sie, weil sie exemplarisch dafür steht, dass wir uns in unserem Leben nicht nur von geliebten Menschen und Tieren verabschieden müssen, sondern auch von Träumen und lang gehegten Wünschen, mit denen wir uns identifiziert haben.

Nicht immer zwingt uns ein äußerer Umstand dazu. Manchmal ist es auch so, dass wir sie einfach hinter uns gelassen haben, weil wir weitergegangen sind – und uns weiterentwickelt haben. Und trotzdem tragen wir sie oft noch weiter in uns mit. Manchmal verstellen sie uns dann den Blick auf das, was jetzt gut für uns ist. Dann brauchen wir einen Abnabelungsprozess. Es tut gut, wenn wir uns darüber klar werden. Wenn wir sie bewusst ansehen können und wenn wir uns würdig und wahrhaftig von ihnen verabschieden können. Ganz für uns allein, mit Gott an unserer Seite oder vielleicht auch mit Herzensmenschen, die uns begleiten. Mein Abschied allein bei Gott in der kleinen Kirche war der richtige Rahmen für mich. Wenn du von einem Wunsch Abschied nehmen musst, fühlt sich der Rahmen höchstwahrscheinlich anders an. Denn auch dein Schmerz ist ein anderer, nämlich deiner und der ist, wie gesagt, individuell. Und genau so sollten wir das Abschiednehmen bewusst gestalten. Mit all dem Schmerz, der vielleicht darin liegt – aber auch mit dem Blick nach vorne. Zukunftsoffen. Heilsam.

Erzählung 15
Voneinander loskommen. Über Rituale, die entbinden

Emilia Handke

Vielleicht kennst du die Geschichte von den zwei Leuten, die sich in Füchse verwandeln. Eigentlich ist es keine Geschichte, sondern ein Song von Shaban & Käptn Peng vom Album »Die Zähmung der Hydra«. Die Hydra ist eine Wasserschlange aus der griechischen Mythologie. Wenn man ihr einen Kopf abschlägt, dann wachsen ihr gleich zwei neue nach. Es ist also ein echtes Ungeheuer. Und im Grunde ein ziemlich starkes Bild für die Schwierigkeit zweier Menschen, voneinander loszukommen: Es gibt Beziehungen, die sind so tief miteinander verstrickt, dass man das Gefühl hat, dass sich immer nur neue Komplikationen ergeben, wenn man versucht, eine der Verstrickungen zu entwirren. Es wachsen immer neue »Köpfe«, bis man sich wünscht, man könnte die Bindung irgendwie komplett zerschlagen, das geknüpfte Band endlich lösen, die Anziehungskraft einfach löschen. Das aber ist oft ein langer und mühseliger Weg. Und nicht selten brauchen wir dabei Hilfe …

Die Geschichte der beiden Fuchs-Menschen fängt so an: Zwei Menschen mögen sich. Sie sind – das ist keine Überraschung – unterschiedlich, aber im Laufe ihrer Beziehung gleichen sie sich aneinander an. Sie verwandeln sich in Füchse, um ihre Unterschiedlichkeit zu überwinden.

»Sie erfinden ein eigenes Land,
tragen Namen, die der andere erfand.
Jeder lernt, was der andere kann,
der eine verlor, was der andere fand.
[…] Doch irgendwann begann einer der beiden zu begreifen,
dass die beiden sich ja lediglich als Füchse verkleiden.«[13]

Und in diesem Moment fallen sie wieder auf sich selbst zurück. Merken, dass sie manches nur für den anderen getan haben – gar nicht für sich selbst. Werden unsicher, wer sie eigentlich selbst sind. Oder anders gesprochen: Es ist ihnen nicht gelungen, bei sich selbst und trotzdem beieinander zu bleiben. Kurzum: Der eine will kein Fuchs mehr sein und verwandelt sich darum in einen Albatros.

»Sie wurde fürchterlich traurig und weinte,
weil plötzlich alles zu zerfallen scheinte.
›Ein Albatros? Der wohnt ja am Meer‹,
das heißt, wir sind ja überhaupt kein Fuchspaar mehr!
Fliegst du jetzt weg und baust dir ein Nest?
So wie ein Albatros? So etwas Albernes!
Oh, eine Scheiße, ich beiß dich jetzt,
denn Füchse essen Vögel, das ist ein Gesetz!‹
AUUHG!!!
›Du hast mir fast das Bein zerfetzt!
So habe ich dich ja überhaupt nicht eingeschätzt!‹
Sie sagte: ›Wenn dich schon lang der Zweifel plagt,
du Idiot, warum hast du mir das nicht gleich gesagt?‹
Er sagte: ›Mir war das vorher nicht bewusst!‹
›Ja ja, sehr ausgefuchst, du hast mich doch nur ausgenutzt!‹«

Man kann es förmlich hören: Das Hauen und Stechen, das Heulen und Zähneklappern ... weil es so schwer auszuhalten ist, dass sich Gefühle und Gedanken von heute auf morgen ändern können! Manchmal durch einen Impuls von außen, manchmal kommt dieser Impuls aber auch von innen. Leben ist immer Veränderung. Und Veränderung ist immer Risiko. Aber Risiko ist auch immer Verheißung ... Es scheint wie ein endloser Kreis.

Und so nimmt das Leben auch bei den beiden Menschen, die früher gemeinsam als Füchse gelebt haben, seinen Lauf. Sie versuchen, ihre plötzlich wieder ins Bewusstsein tretende Unterschiedlichkeit irgendwie auszuhalten und beieinander zu bleiben, aber es gelingt nicht. Auch das Beschwören des gemeinsamen Versprechens greift ins Leere. Auch sie versucht nun verzweifelt, sich zu verwandeln, um die gemeinsame Fuchs-Identität zu verlassen – findet aber keine neue Form.

Wie es am Ende mit den beiden ausgeht, das erfährt man nicht so richtig. Haben sie einander wiedergefunden? Vielleicht, vielleicht aber auch nicht.

Eines aber wird deutlich – und jede und jeder, die oder der das Scheitern einer tiefen, vielleicht langen Beziehung schon einmal erlebt hat, weiß das: Liebe bleibt immer ein Risiko. Daran ändern auch eine Hochzeit oder gemeinsame Kinder nichts. Denn Menschen können sich im Laufe ihres Lebens verändern: eine neue Sicht auf den anderen oder auf sich selbst gewinnen, bisher fremden Sehnsüchten und Erkenntnissen in sich Raum geben, von jemand anderem heillos entflammt werden. Alles, was einmal verbunden hat, ist dann plötzlich grundsätzlich infrage gestellt. Manche machen sich dann auf und suchen sich Hilfe, zum

Beispiel in einer Paartherapie. Jemand von außen soll helfen, sich gegenseitig wieder zu hören, das Eigene und das Fremde auseinanderzuhalten. Aber auch eine Paartherapie hat zwei Ausgänge: Bleiben oder Trennen. Ungefähr jede dritte Ehe wurde 2019 geschieden. Bis zur Scheidung dauerte es durchschnittlich 14,8 Jahre.[14] Beziehung bleibt eine Herausforderung, und Ewigkeit lässt sich zwar versprechen, aber eben nicht einfordern. Unvergängliche Liebe bleibt immer unverfügbar.

Konrad und Charlotte waren eines der Paare, deren Ehe nicht gehalten hat. Thomas, der Pastor ist, hat sie auf dem Land kirchlich getraut. Das war im Monat Mai, wo der Löwenzahn alles überwuchert und es so aussieht, als wären alle Sterne des Himmels über Nacht plötzlich ins Gras gefallen. Thomas nennt Konrad und Charlotte im Nachgang »bewusste Leute« – Leute, die sich nicht leichtsinnig zu so einem großen Schritt entschlossen haben. Bevor sie vor den Altar getreten sind, haben sie sich am geschmückten Eingang der Kirche gegenseitig die Füße gewaschen. Das war heilig irgendwie. Dann sind sie barfuß auf den alten Steinen nach vorn zum Altar gelaufen, Schritt für Schritt, Hand in Hand. Viel besser könne es eigentlich nicht »laufen«, sagt Thomas. Konrad und Charlotte wussten, was sie taten. Und ahnten, was auf sie zukommt und dass eine solche große Geste da ein gutes Zeichen sein kann. Später am Hochzeitstag zog ein schweres Unwetter auf. Der Landstrich mit dem gelben Löwenzahn, auf dem gefeiert wurde, verdunkelte sich. Der Himmel wurde schwarz. Die Traugesellschaft musste in einen geschlossenen Raum flüchten. Ob das ein Vorzeichen war? Jedenfalls kamen Konrad und Charlotte drei Jahre später wieder zu Thomas, weil sie miteinander in Schwierigkeiten geraten waren. Er traf sich etwa zehn bis fünfzehn Mal mit den beiden. Im letzten Drittel der Zeit entstand dann die Klarheit, dass sie sich trennen wollen ... müssen ... sollten. Auch, um einander weitere Verletzungen zu ersparen. Und dann baten sie Thomas, sie rituell wieder zu entpflichten, weil er ihnen ja damals auch das Jawort abgenommen hatte. Aus diesem Jawort sollte er sie jetzt wieder entlassen. In den Ritualbüchern der Kirche gibt es dafür wenig Material, und so richtig schön ist das natürlich auch nicht. Außerdem sind wenige Menschen zu einem solchen Schritt auch innerlich bereit. Das hat auch etwas mit Reife zu tun. Manchmal will es auch nur einer von beiden – das macht es noch schwieriger. Auch wenn es trotzdem möglich ist.

Konrad und Charlotte wollten es beide. Als Ort wählten sie eine Pferdekoppel auf einer Wiese – es war in der Nähe des Ortes, an dem sie damals auch geheiratet hatten. Draußen im Freien, das schien ihnen irgendwie richtig für diese Zeremonie. Zuvor hatten sie alle materiellen Dinge geklärt. Einerseits sollte der mögliche Streit darum nicht das Ritual überlagern, andererseits sollte das Ritual aber auch keinesfalls in die Gefahr geraten, zu einer Generalabsolution zu werden, nach der man sich dann erst recht bekriegen dürfe. Nein, es sollte erst alles Äußerliche geklärt werden, um die innere Trennung dann würdig vollziehen zu können.

Für das Ritual haben Konrad und Charlotte jeweils einen Freund und eine Freundin gebeten, ihnen beizustehen. So wie damals die Trauzeugen. Thomas sang zur Eröffnung ein altes Gebet – einen Psalm, der dafür steht, dass Menschen seit Jahrtausenden ringen: um sich selbst, das gute Leben, den Umgang mit Wut und Schuld, Trauer und Schmerz, auch um Gott ... Keine Erfahrung, die wir machen, hat nicht schon ein anderer vor uns gemacht. Irgendwie hat das auch etwas Bergendes, Beruhigendes: Ich bin nicht ganz allein mit meinem ganzen Elend. Ich bin Teil einer großen Geschichte. Teil der großen menschlichen Suche nach Glück. Teil der Täler und Gipfel, der weiten und der engen Pfade.

An einer Stelle schrieben Konrad und Charlotte auf Papier, was sie gegeneinander als Groll hegten, und übergaben es dem Feuer. Sie baten Gott, ihnen ihr Schuldigwerden aneinander zu vergeben. Erkannten öffentlich voreinander an, dass sie den anderen verletzt hatten im Laufe des Zusammenlebens – das ist ein ziemlich wichtiger Punkt in dem ganzen Prozess: anzuerkennen, dass das, was man getan hat, den anderen verletzt hat. Ganz unabhängig davon, ob ich ihn verletzen wollte oder nicht. Natürlich kann man das auch vor einem vertrauten Menschen aussprechen. Aber der kann es einem nicht vergeben. Das kann neben dem eigenen Partner nur eine höhere Instanz wie Gott. Dafür stand Thomas – mit seinem schwarzen Talar und dem weißen Beffchen auf der Pferdekoppel mitten im grünen Gras.

Danach folgte eine stille Meditation, in der Konrad und Charlotte den Erinnerungen aneinander Raum gaben – jenen Erinnerungen, die nach der Verbrennung des Grolls übrig geblieben waren und langsam wieder aufstiegen. Die vielen Dinge, die gut waren miteinander: die Zärtlichkeit des Anfangs. Die Leidenschaft des Begehrens. Die Liebe zu den gemeinsamen Kindern. Die Verlässlichkeit im Alltag. Die USA-Reise und die schottischen Highlands …

Der Höhepunkt dessen, was auf der Pferdekoppel im Freien draußen geschah, war der Kreis, in den Thomas mit den beiden dann eingetreten ist, um das gemeinsame Trauversprechen wieder zu lösen. Er sagte zu ihnen:

»Konrad, du hast vor vier Jahren versprochen, Charlotte als deine Frau zu achten und zu lieben in guten und schweren Zeiten. Und du hast versprochen, bei ihr zu bleiben. In der Treue zum Versprechen der Liebe und Achtung entbinde sie nun aus der Verpflichtung, deine Frau zu sein.«

Daraufhin antwortete Konrad:

»Charlotte, ich entbinde dich aus unserem Versprechen, meine Frau zu sein. Ich werde unsere gemeinsame Zeit und unsere Liebe in Ehren halten.«

Auch Charlotte entband daraufhin Konrad von seinem Trauversprechen. Das kann nur jemand anders, das kann keiner für sich allein. Denn das Versprechen hat man sich ja nicht selbst gegeben. Daraufhin sprach Thomas:

»Ihr habt einander in guten und schweren Zeiten Liebe und Achtung erwiesen. Ihr konntet beide das Versprechen nicht halten, beieinander zu bleiben. Darum gebt eure Ringe nun zurück, die eure Bindung bedeutet haben. Wir legen alles im Vertrauen auf Gott zurück in seine Hände. Er wird ergänzen, was fehlt, und zusammenhalten, was an uns zerbricht.«

Es klackte einmal. Und es klackte noch einmal, als die Ringe auf den Teller gelegt wurden. Wie eine Uhr, die abgelaufen ist und erst wieder neu aufgezogen werden müsste. Nun reichten sich Konrad und Charlotte die Hand. Dazu wurde ein Gedicht verlesen, das davon handelt, wie Menschen ihr Sein ineinander geworfen haben, um es jetzt aus diesem Ineinander wieder zu lösen und für sich selbst zurückzuerobern. Mich erinnerte es stark an das Lied von Shaban & Käptn Peng, wenngleich es ein ganz anderes sprachliches Gewand trug. Aber das Thema ist gleich: Es geht darum, sich wieder zurückzuverwandeln und wieder zu seiner eigenen Form zu finden.

Draußen wehte leise der Wind. Ein paar Pferde galoppierten in der Ferne und warfen ihren Schweif in die Luft. Das Gras grünte und der Himmel blaute. Thomas trat in dem Kreis, in dem sie zu dritt versammelt waren, noch einen Schritt näher. Er legte zuerst Charlotte die Hände auf und segnete sie für ihren eigenen Weg: »Charlotte, du bist ledig und frei in Gottes Namen. Nichts ist verloren von dem, was wichtig war. Gott segne dich für deinen zukünftigen Weg.« Dasselbe wiederholt er bei Konrad. Dann ruft er auch die gemeinsamen Kinder in den Kreis und segnet sie. Sie sollen hören, dass es einmal gut war zwischen ihrem Vater und ihrer Mutter. Und dass die Eltern im Guten auseinandergehen und in ihrem Auseinandergehen als Paar doch ihre Eltern bleiben werden.

Der Himmel blieb blau an diesem Tag, kein Gewitter lauerte heute auf der Koppel. Nun traten beide aus dem Kreis heraus und gingen in entgegengesetzte Richtungen. Der Freund und die Freundin, die dort auf sie warten, sprechen jeweils ein Gebet für das Gelingen des Weges der beiden Einzelnen und für die gemeinsamen Kinder. Am Ende sprechen sie alle gemeinsam das Vaterunser. Auch so ein uraltes Gebet, das im Leben schon so viel gesehen und ausgehalten hat, überall auf der Welt.

Als wir viele Jahre später im Dezember in einem Café sitzen, frage ich Thomas, was für ihn bei so einem Ritual der wichtigste, der heilige Moment ist. Er sagt, es sei das gemeinsame Resümee. In der einen wie in der anderen Richtung. Voreinander und vor einem Dritten auszusprechen: Was hast du mir vorenthalten? Was habe ich schmerzlich vermisst? Aber auch: Was habe ich durch dich geschenkt bekommen? Was von dir ist bleibend in mir? Was verdanke ich dir, was bin ich nicht ohne dich? Und gleichzeitig eben voreinander auch die Grenze zu benennen, zu sich selbst zu stehen und zu bekennen: Damit kann ich nicht weiterleben. Nicht gemeinsam mit dir.

Beides soll vor Gott aufgehoben sein. Natürlich könnte man sich das auch ohne Gott sagen, indem man einander tief in die Augen schaut und voreinander Wahrheiten ausspricht. Aus Thomas' Sicht braucht es dafür jedoch eine dritte Instanz, der man zutraut, machtvoll zu sagen: »Hier ist es jetzt aufgehoben. Nichts von dem, was richtig war an dieser Beziehung, ist verloren. Du kannst jetzt Frieden finden.« Das ist etwas ganz anderes als ein Scheidungsgericht und auch etwas anderes als Freundschaften, die in der Regel gar nicht neutral sein können.

Wer schon einmal eine Trennung erlebt hat, der weiß, wie schwer es ist, wieder Boden unter die Füße zu bekommen und den Frieden zu finden, nach dem man sich selbst so sehr sehnt. Man hört oft, Loslassen sei ein Teil von Liebe. Aber das umzusetzen, fällt doch oft unendlich schwer. Es beginnt manchmal damit, die Wohnung zu wechseln oder neu zu tapezieren. Manche packen alle gemeinsamen Erinnerungen in eine große Kiste und stellen sie auf den Dachboden oder in den Keller. Manche schreiben Briefe an den anderen und verbrennen sie feierlich. Andere melden sich zu Seminaren, zu einem Seelsorgegespräch oder zur Therapie an. Manchmal muss man auch verschiedene Rituale ausprobieren und schauen, was einem selbst guttut und hilft, um weiterleben zu können. Konrad und Charlotte hat gutgetan, was Thomas mit ihnen gemeinsam gefunden hat. Damals auf der Pferdekoppel – im Wind of Change, der zum Leben dazugehört.

Ein Ritual für dich

WENN DU DICH ALLEINE LÖSEN WILLST

Suche dir einen Ort, der sich für dich gut anfühlt.
Frag einen Freund oder eine Freundin, ob er oder sie dich begleitet.
Nimm ein paar wichtige Erinnerungsstücke (Briefe, Ringe, Bilder etc.) mit, die dich mit deiner früheren Partnerin oder deinem früheren Partner verbinden, und eine besondere Kiste dafür. Steck ein bisschen Papier, einen Stift und ein paar Streichhölzer ein.

Hier haben wir das alte Gebet für dich, das ihr zu Beginn laut zusammen lesen könnt:

»Gott, du hast mich erforscht
und kennst mich genau.
Ob ich sitze oder stehe: Du weißt es.
Meine Absicht erkennst du von fern.
Ob ich gehe oder ruhe: Du merkst es.
Alle meine Wege sind dir bekannt.
Würde ich in den Himmel steigen: Du bist dort.

Würde ich mich in der Unterwelt verstecken:
Dort bist du auch.
Würde ich hochfliegen, wo das Morgenrot leuchtet,
mich niederlassen, wo die Sonne im Meer versinkt:
Selbst dort nimmst du mich an die Hand
und legst deinen starken Arm um mich.
Da sagte ich: »Finsternis komme über mich!
Nacht soll mich umhüllen wie sonst das Licht!«
Doch für dich ist die Finsternis nicht finster,
und die Nacht leuchtet so hell wie der Tag:
Finsternis ist für dich wie das Licht.«
Aus Psalm 139,1–3.8–12

Nimm dir nun ein bisschen Zeit und schreibe alles auf, was du zurücklassen möchtest: was dich verletzt hat, deinen Groll, deine Wut – aber auch das, wo du selbst vielleicht verletzend warst. Vielleicht willst du es dem Menschen vorlesen, der dich jetzt begleitet, vielleicht das Geschriebene aber auch lieber für dich behalten.

Mach dir eine kleine Sandkuhle und halte die Streichhölzer jetzt an das Papier. Schau, wie das Papier von den kleinen Flammen verzehrt wird.

Hol nun deine Erinnerungsstücke hervor. Lass dir Zeit. Betrachte sie genau. Nimm sie in die Hand, wenn du magst. Vielleicht magst du etwas dazu erzählen. Vielleicht musst du auch weinen. Alles hat Platz hier. Lege die Erinnerungsstücke langsam in die mitgebrachte Kiste, um sie zu würdigen und zu bewahren: Das alles war zwischen euch möglich. Das alles hat euch verbunden. Das alles bleibt Teil von dir.

Der Mensch, der dich begleitet, kann seine Hände jetzt auf deine Schultern oder auf deinen Rücken legen. Macht euch dazu »Bis nach Hause« an – ein Segenslied von Ulf Nicolai Werner und Jan Simowitsch, das ihr auf allen gängigen Streamingplattformen findet.

Erzählung 16
Fuck-Up. Beichten trifft Humor

Meike Barnahl

Abgehetzt kam ich bei unserem Büro an, das wir »Base« nennen, denn »Büro« trifft es eigentlich nicht recht. Der Tag war stressig, ein wenig hatte ich auch getrödelt, war viel zu spät losgefahren und dann auch noch ewig auf Parkplatzsuche. Aber nichts zu holen. Also stellte ich mich ins Parkverbot. Bei meinem Glück würde ich bestimmt ein Ticket bekommen, obwohl ich doch gerade erst den sündhaft teuren Anwohnerparkschein erworben hatte … Ich kramte in meiner Tasche und fand – nichts. Mist! Jetzt hatte ich auch noch den Transponder für die Türen unserer Agenturräume vergessen! Mein Team saß sicher schon oben, bereit zum Start und wartete nur noch auf mich. Die Klingel funktionierte auch nach fast einem Jahr noch immer nicht. Besonders peinlich, wenn man eine Agentur ist, die für Menschen leicht erreichbar sein will … Nun stand ich vor verschlossener Tür, und am Telefon ging keiner ran. Am liebsten wäre ich direkt wieder umgekehrt. Was für ein bescheuerter Abend! Half nur alles nichts, also schrieb ich hilfesuchend in unsere Messenger-Gruppe und wartete. Dabei versuchte ich, mir gut zuzureden. Ich wusste, dass Katinka, Jan und Lars mit viel Liebe alles vorbereitet hatten. Und ich hatte mich seit Monaten darauf gefreut, mit meinem Team gerade diesen Abend gebührend zu zelebrieren …

Endlich ging das Licht im Treppenhaus an, und Jan kam die Treppe runter, um mich reinzulassen. Er freute sich sichtlich, dass ich endlich da war. Wir gingen hoch in die »Kleine Pause« –

unsere gemütliche *st. moment*-Küche. Sowie ich den Raum betrat, wurde ich von einer Ladung Luftschlangen empfangen und von einer Welle aus lachendem Durcheinandergequatsche und herzlichem Willkommen. Sekt stand auf dem Tisch, mit und ohne Alkohol – dazwischen lag Tischfeuerwerk, eine Sofortbildkamera und bunte Papiertröten. An der Wand lehnte ein großes Schild, beschrieben mit weißer Farbe, die unmissverständlich klarmachte, was hier gefeiert wird: Fuck Up!

Alles war bereit für unsere erste *st. moment*-Fuck-Up-Night. Und ich war es jetzt auch, immerhin hätte ich fast die Fuck-Up-Night upgefucked ... Schon ganz zu Beginn unseres Abenteuers als neues *st. moment*-Team hatten wir verabredet, dass wir am Ende des Jahres nicht nur die Erfolge des ersten Jahres feiern wollen, sondern auch all das, bei dem wir auf die Nase gefallen, mit dem Kopf vor die Wand gerannt waren und völlig danebengegriffen hatten. Denn wir waren uns sicher: In einem solchen Prozess, den wir vor uns hatten, würden definitiv Fehler passieren. Wir hatten zu Beginn keine Ahnung, was uns alles erwarten würde, aber wir wussten: Scheitern würde auch dazugehören. Immerhin wollten wir ja so etwas wie ein agiles Start-up in der lange schon bestehenden Struktur der Kirche aufbauen ... Und hier waren wir also nun, bei unserer ersten Fuck-Up-Night, einem besonderen Ritual, bei dem wir zelebrieren würden, was schieflief.

Kennengelernt hatte ich den Gedanken, das Scheitern zu feiern und daran zu wachsen, vor einigen Jahren bei der Berliner Innovationsagentur Dark Horse Innovation. Ihr Blick auf neue Arbeitskulturen hat mich nachhaltig geprägt. Und auch ihr Ritual des Fail Awards hat mich fasziniert. Das war so entstanden, erzählten sie mir: Gleich zu Beginn, als ganz junges Unternehmen Ende der Nullerjahre, legten sie sich bei einer äußerst vielversprechenden Projektanfrage durch einen blöden Fehler voll auf die Nase. Nun hätten sie sich ärgern, die Zuständigen zur Verantwortung ziehen oder die Sache unter den Tisch kehren können. Sie beschlossen, den Spieß umzudrehen, dem Scheitern ins Gesicht zu lachen, und erfanden den internen Fail Award: einen (mehr oder weniger begehrten) Wanderpokal für diejenigen, die am fettesten gescheitert waren. Projekt in den Sand gesetzt, Auftraggeber verärgert, Deadline gerissen – alles Fälle für den Fail Award. Nominieren kann man sich dabei nur selbst, denn es geht gerade nicht darum, mit dem Finger auf andere zu zeigen. Die Haltung dahinter ist enorm wichtig, sowohl für unsere Zusammenarbeit als auch für unser Zusammenleben: Fehler machen wir alle, vor allem wenn wir etwas wagen und uns aus unserer Komfortzone herausbewegen. Fehlermachen und Scheitern gehört zum Menschsein untrennbar dazu, und natürlich hören wir nicht an der Bürotür oder am Werkstor auf, Menschen zu sein. Also muss auch bei der Arbeit Platz dafür sein! Außerdem lernen wir am meisten aus Fehlern, wenn sie nicht schambesetzt sind. Wenn wir mit anderen darüber sprechen können und ihnen und uns selbst damit die Chance geben, sie in Zukunft nicht zu wiederholen. Das lehrt uns das agile Prinzip: mutig losgehen, früh im Prozess Fehler machen, auf die Nase fallen, wieder aufstehen, gemeinsam daraus lernen, einen neuen Weg probieren – so lange, bis es passt. Das ist allerdings leichter gesagt als getan, denn dazu brauchen wir eine Umgebung, in der wir uns sicher genug fühlen, um auch unsere unvollkommenen und verletzlichen Seiten zeigen zu können. In der wir Ehrlichkeit, Respekt und sehr viel Vertrauen erleben. Das ist eine Kultur, in der wir nicht unablässig darum bemüht sein müssen, nach außen eine weiße Weste zu bewahren, in der eben nicht nur Erfolg und Leistung zählen und die Ellenbogen unsere wichtigsten Körperteile sind. Leider ist so eine Kultur, in der sich Menschen wirklich entwickeln können, an unseren Arbeitsplätzen, in unseren Schulen und auch in anderen Umgebungen gar nicht so selbstverständlich.

Ähnliche Erfahrungen waren ausschlaggebend für die allererste weltweite Fuck-Up-Night: 2012 saßen einige Freund:innen in Mexiko bei einer Party zusammen und unterhielten sich über ihre beruflichen Erfahrungen – auch über ihre Misserfolge. Sie bemerkten, wie hilfreich der Austausch für sie war. Wie gut es ihnen tat, offen darüber reden zu können, was so richtig den Bach runterging, und wie befreit sie sich hinterher fühlten. So entstand die Idee, diese Erfahrung auch anderen Menschen zu ermöglichen. Das Format der Fuck-Up-Night war geboren. Sie planten ein weiteres Treffen mit mehr Leuten. Und schnell breitete sich das Ritual aus über die ganze Welt. Heute findet man in fast allen größeren und manchen kleineren Städten solche öffentlichen Fuck-Up-Nights, die alle im mehr oder weniger gleichen Rahmen ablaufen: In ungefähr zehnminütigen Slots erzählen verschiedene Sprecher:innen ehrlich von ihrer Geschichte des Scheiterns. Anschließend darf das Publikum Fragen stellen, um so viel wie möglich aus diesem Fehler und einem guten Umgang damit zu lernen. Die Abkürzung FUN trifft dabei auch die Grundstimmung der Fuck-Up-Night: Die Erzählhaltung ist humorvoll und selbstironisch – lachen und sich selbst nicht zu ernst nehmen, das hilft. Allerdings geht es immer darum, miteinander zu lachen, nicht übereinander. Respekt und das gemeinsame Interesse, an Fehlern zu wachsen, das verbindet Publikum und Sprecher:innen.

Diesen Grundgedanken haben wir also für uns im Team aufgenommen und das Format für unsere Zwecke abgewandelt. Wir wollten keine öffentliche Veranstaltung, sondern eine Teamzeremonie, die für uns passt, Spaß macht und uns alle – auch als Team – stärkt. Unser Ritual bestand aus drei Schritten: Erkennen, Teilen und Loslassen. Im ersten Schritt haben wir uns einzeln Zeit genommen, haben das Jahr Revue passieren lassen und uns bewusst gemacht, was wir persönlich als Scheitern erlebt haben. Viele Post-its wurden dabei vollgeschrieben: frustrierende Misserfolge, selbst gemachte Fehler, Situationen, in denen wir mit unseren Ideen und Idealen grandios gescheitert waren. Zwischendrin haben wir gegenseitig unsere individuelle Fuck-Up-Pose mit der Sofortbildkamera für unser Fuck-Up-Album festgehalten. Im zweiten Schritt haben wir in mehreren Runden reihum immer einen unserer kleineren und größeren Fails geteilt. Ein Dauerbrenner unserer Misserfolge: unsere Postsituation. Das neu beantragte Postfach, das wir für *st. moment* brauchen, wurde von der Post einfach wieder gekündigt, weil die Zugangsdaten nie von uns bestätigt worden waren. Der Brief mit den Zugangsdaten kam aber nie an, weil die Postbot:innen mit unserer ungewöhnlichen Hausnummer 0 nicht zurechtkamen. Gerade das – die Hausnummer, mit der niemand zurechtkam – war ja aber gerade der Grund dafür, das Postfach anzulegen. Absurd! Fun-Fact nebenbei: Wir suchen nach wie vor gemeinsam mit der Post nach einer Lösung ... Mitunter scheiterten wir an unseren Werten, die wir im Team vereinbart hatten: Zum Beispiel hatten wir längst nicht immer so gut aufeinander geachtet und die unterschiedlichen Bedürfnisse respektiert, wie wir es eigentlich wollten. Auch konzeptionelle Fehler hatten Platz in unserer Fuck-Up-Night: Ich selbst hatte mit dem ursprünglichen Konzeptionsteam den Bereich Kommunikation und Medien viel zu klein geplant. Das fiel uns im Laufe des Jahres schwer auf die Füße und brachte einige von uns an den Rand der Überforderung. Und auch bei den ersten konkreten Aufträgen waren Fehler passiert: Einer Person aus dem *st. moment*-Team tat es leid, dass sie bei einem Ritual wahrscheinlich nicht sensibel genug auf eine Angehörige eingegangen war und sie so womöglich ganz verprellt hatte ... Ein anderes Mal hatten wir alle gemeinsam einen ganz zauberhaften Abend für Spontantaufen geplant und richtig viel Arbeit reingesteckt, aber in der Werbung dafür lief fast alles schief: Die Presse hatte trotz allen Bemühens keine Silbe darüber verloren; durch einen Fehler bei Instagram wurden unsere Posts vor allem in Nordrhein-Westfalen ausgespielt und dann auch noch bei der völlig falschen Zielgruppe; wir hatten außerdem richtig viel Geld für digitale Roadside-Werbeplakate ausgegeben, aber offenbar hatte die kaum jemand wahrgenommen ...

Jede und jeder konnte in Ruhe erzählen und auch die Enttäuschung, den Ärger oder Schmerz ausdrücken, bevor lautes Tröten und Jubeln den Bericht quittierte – ebenso wie ein Schulterklopfen, ein In-den-Arm-Nehmen, oder was auch immer gerade richtig war. Bei den größten Fails kam das Tischfeuerwerk zum Einsatz. Ein schönes Album lag bereit für die Fotos und die Zettel, das ab sofort einen Ehrenplatz in unserer Base bekommen würde.

Ich bin mir bewusst, dass wir großes Glück mit unserem Team haben. So günstige Umstände sind sonst selten der Fall: Als ein neues Team, das ganz bewusst so zusammengestellt und lange gesucht wurde, neu starten und sich ausprobieren zu können – das geht nicht überall. Aber ich will den Gedanken nicht loslassen, dass auch anderswo eine Kultur entstehen kann, in der wir uns nicht dekorieren müssen, sondern uns selbst ehrlich und gnädig ansehen können, ganz ungeschminkt. Eine Kultur, in der wir lernen, uns so weit zu vertrauen, dass wir zu unseren Fehlern stehen und mit solchen Ritualen das Vertrauen bekräftigen und ausbauen können. Wenn wir uns verletzlich und authentisch zeigen, kann Nähe entstehen. Das gilt nicht nur unter Kolleg:innen, sondern auch in vielen anderen Beziehungen.

In den vergangenen Jahren sind die Fuck-Up-Nights auch in den Kirchen angekommen. Auch hier ist eine konstruktive Fehlerkultur, in der nichts beschönigt werden muss und viel gewagt werden kann, nicht selbstverständlich. Dabei ist die Bibel voll von Geschichten des Scheiterns. Menschen machen Fehler, auch fundamentale, schwerwiegende Fehler. Sie verlieren sich, ihre Mitmenschen und Gott aus dem Blick und handeln zerstörerisch. Allerdings lässt Gott sie auch dann nicht im Stich – nicht in ihrem Leid und auch nicht in ihrer Schuld. Gescheiterte Existenzen sind unverzichtbare Schlüsselfiguren in Gottes Geschichte mit den Menschen. Ein Gott, der sich nicht mit Heldentaten und Siegermentalität brüstet, sondern an der Seite der Scheiternden steht. Das ist auch die Geschichte von Jesus. In seiner ganz persönlichen Fuck-Up-Night am Kreuz sagt er: »Vater, vergib ihnen, denn sie wissen nicht, was sie tun.« (Lukas 23, 34) Immer wieder hat er landauf und landab von Gottes DNA erzählt: Liebe und Vergebung. Hat kein Blatt vor den Mund genommen und keine Mühe gescheut, diese Liebe den Menschen zu zeigen, ihnen klarzumachen, dass sie sich nicht verbiegen müssen, sondern genau so geliebt sind, wie sie sind. Und dann hängt er am Kreuz, geächtet, verspottet und hingerichtet. Krachend gescheitert, mit allem, was sein Lebenswerk war. Wer, wenn nicht er, weiß, wie es ganz unten im Tal der Tränen und der Angst ist? Da gibt es nichts zu beschönigen. Aber selbst der Tod kann die Botschaft der Liebe und Vergebung nicht aufhalten. Sie ist stärker, und ihre Kraft richtet nach einiger Zeit Menschen wieder auf aus dem Elend, stattet sie aus mit Mut und der Überzeugung, dass auch andere davon erfahren sollen: Gott ist ein Gott der Liebe und der Vergebung und der Auferstehung.

Den kirchlichen Veranstalter:innen der Fuck-Up-Nights ist wichtig, dass nicht jede Geschichte des Scheiterns zwangsläufig in eine Heldengeschichte mündet. Es geht gerade nicht darum, das Scheitern zu beschönigen und nur als Vorstufe der unvermeidbaren Heldenhaftigkeit zu interpretieren. Quasi nach dem Motto: »Auch noch im Fuck-Up perfekt.« Nein, es geht darum, Fehler zuzulassen, im Versagen nicht allein zu sein und darauf zu vertrauen, dass das Scheitern nicht das letzte Wort hat – ganz egal, wie es weitergeht. Darin steckt neben allem, was andere daraus lernen können, ein ganz eigener Wert. Und es entlastet. Denn was ich nicht allein für mich tragen und womöglich auch noch mit viel Mühe verbergen muss, um nicht in Schimpf und Schande zu fallen, kann ich erst anerkennen und dann loslassen. Und so lässt es auch mich los und ich werde befreit. Aufräumarbeit für die Seele.

Vielleicht steckt darin eine moderne Form der Beichte. Früher, als das Christentum noch jung war, haben die Leute vor der ganzen Gemeinde von ihrem Scheitern gesprochen. Erst später, da wurde es ihnen vielleicht zu heikel oder zu peinlich, und die Beichte wurde nur noch vor dem Pfarrer – in der Verborgenheit des Beichtstuhls – ausgesprochen. Unter vier Augen geht es einfach leichter, wenn es wirklich persönlich wird. Beichten bei einem Pfarrer oder bei Pastor:innen geht auch heute noch, aber viel häufiger sind es wahrscheinlich die besten Freund:innen, mit denen wir gemeinsam unsere Seele aufräumen und erleichtern können.

In unserem Ritual im Team haben wir diese Entlastung und Erleichterung ganz bewusst im dritten Schritt inszeniert. Jan, Katinka und Lars lotsten uns am Ende raus in die Nacht. An der Kirchenwand lehnte das Schild, das wir aus der Base mitgenommen haben. In der dunklen Nacht leuchteten die weißen Buchstaben darauf: Fuck-Up. Vor uns stand eine Wanne mit Wasserballons. Katinka rief jeden Punkt aus dem Album laut in die Nacht, und jede und jeder von uns durfte für die ärgerlichsten, schmerzhaftesten und blödesten Fails eine Wasserbombe auf das Schild schleudern. »All eure Sorgen werft auf Gott, denn Gott sorgt für euch.« (1. Petrus 5,7) Diese Aufforderung aus der Bibel kam mir in den Sinn, als ich den ersten glitschigen Ballon aus der Wanne fischte und mit voller Wucht auf das Brett klatschte. Wir johlten und lachten und fühlten uns befreit. Rechts und links flogen die Wasserballons an mir vorbei und – was wir nicht ahnten – sorgten dafür, dass die weiße Farbe der Aufschrift in weitem Umkreis umherspritzte.

So durften wir im Anschluss nicht nur die Überreste der Ballons aufsammeln, sondern auch eine Kirchenwand von weißen Farbspritzern befreien. Dass nur mein Transponder, der sicher bei mir zu Hause lag, Zugang zum Putzraum gewährt hätte, hat Platz in der nächsten Fuck-Up-Night …

Ein Ritual für dich

FUCK-UP-RITUAL FÜR DICH, DEIN TEAM ODER DEINE COMMUNITY

Wenn du den Eindruck hast, dass so ein Ritual in deinem Team auf der Arbeit nicht geht, könntest du es auch mit deinen Freund:innen machen.

Erkennen

Nehmt euch jede:r Zeit für euch. Überlegt in Ruhe, was war. Was habt ihr als Scheitern erlebt? Sammelt für euch alles, was euch in den Kopf kommt.

Teilen

Erzählt euch möglichst humorvoll von einem eurer Fails. Das können kleine Verwerfungen sein oder auch große Irrungen. Bewertet nicht, seid achtsam und respektvoll miteinander. Feiert euch und euren Mut. »Scheitern ist die Möglichkeit, es noch einmal besser zu machen«, sagte schon Henry Ford.

Loslassen

Macht ein kleines Feuer und lasst eure Scheitergeschichten in Rauch aufgehen oder nehmt Wasserballons und schleudert sie mit voller Kraft auf ein symbolisches Fuck-Up-Ziel. Wenn es im Büro schwierig ist mit Feuer und Wasser, dann knüllt die Zettel kräftig zusammen und macht Zielwerfen in den Papierkorb. Und leert den Papierkorb am besten gleich danach aus.

Erzählung 17
Ciao Bello![15] Wenn Seelentiere gehen

Emilia Handke

Ich bin nicht mit Haustieren aufgewachsen – auch wenn ich auf dem Dorf groß geworden bin. Die Familie meiner besten Freundin hatte Katzen und Lämmer, die manchmal nach ihrer Geburt vor Rotlichtlampen im Stall zwischen Heu und Stroh aufgepäppelt werden mussten. Einmal gab es ein Lämmchen, das der Vater meiner Freundin in einer blaugrünen Blase aus dem Bauch der Mutter rauszog. Es konnte nicht alleine aufstehen, die kleinen Beinchen knickten immer wieder sofort ein. Jeden Tag guckten meine Freundin und ich, als wir vom Kindergarten heimkamen, bei ihrem Vater in der Werkstatt vorbei und fragten ihn, ob das kleine Lämmchen noch lebe. Eines Tages sagte er: Nein, es sei heute Nacht leider gestorben. Was mit dem Lämmchen dann geschah, weiß ich nicht. Aber ich weiß, wie sehr uns die Nachricht dieses Todes bedrückt hat. Es war eine unbestimmte Beklommenheit, die unsere kleinen Kehlen und Herzen füllte und die Freuden des Tages herunterdimmte. Irgendwann zog sie zum Glück vorüber.

Ich erinnere mich auch, dass wir wussten, dass die meisten schwarzen, weißen und schwarz-weiß gefleckten Lämmchen irgendwann zu dicken, wolligen und etwas behäbigen Schafen heranwuchsen, die einmal geschlachtet werden würden. Das war auf dem Dorf normal. Aber wir bekamen zum Glück nichts davon mit. Das war die Aufgabe des Vaters meiner Freundin, und er ging dafür in einen dunklen Stall, der hinterher immer mit großen Wassereimern sauber gemacht werden musste. Wir aßen die Lamm-Koteletts, die ihre Mutter um Ostern herum mit buttergetränkten Soßen und eingelegten Pflaumen auf den Tisch stellte, und wir streichelten die Lämmer mit ihren lustig wackelnden Schwänzchen, wenn wir bei ihnen auf der Koppel spielten. Leben und Tod von Tieren existierten im Dorf meiner Kindheit nebeneinander.

Unsere Nachbarn auf dem Feldweg hatten Hunde – keine Katzen und auch keine Lämmchen. Nur Nelly, eine anspruchsvolle, zottelige kleine Hundedame, lebte lange und wurde mit mir zusammen älter – die anderen Hunde der Nachbarsfamilie wurden regelmäßig überfahren. Ich erschrecke selbst, wenn ich das hier so sachlich wiedergebe. Aber so habe ich es in Erinnerung. Als einer dieser Todestage gerade einmal wieder gekommen war, riet mir meine Mutter, ich solle vorsichtig sein mit den beiden Nachbarn, denn die hätten gerade schon wieder ihren Hund verloren und das sei ja für sie wie eine Art Kind. Ich habe das damals eher so zur Kenntnis genommen. Verstanden habe ich es erst, als ich älter wurde und Doris kennenlernte, die mit ihren Hunden wie mit Babys kuschelte und bei der ich spürte, dass etwas von ihrer Seele in diesen Tieren lebte oder besser: in ihnen atmete. Jedenfalls konnte sich Doris in Gegenwart ihrer Tiere viel besser entspannen als sonst. Diese Hunde waren oft seltsame Geschöpfe, die sie allesamt aus dem Tierheim holte. Die kleine Tina mit dem schiefen Maul zum Beispiel, die am Anfang völlig verschreckt unter dem Tisch hockte und regelmäßig – in meinen Augen bei jeder Kleinigkeit – durchdrehte, indem sie wie angestochen durch den Raum fegte und auch in Restaurants kläffte, als ginge es ihr persönlich an den Kragen. Meine Mutter und ich haben dann öfter, wenn wir einkaufen waren, in eine kleine weiße Blechbüchse fürs Tierheim gespendet – weil wir über Doris so gruslige Geschichten von diesen armen Geschöpfen hörten, dass es uns jammerte. Wenn wir schon kein Tier bei uns zu Hause aufnahmen, wollten wir wenigstens für gutes Futter und ein Dach über dem Kopf sorgen.

Ich glaube, Doris war der Auftakt dazu, dass ich Menschen, die Hunde oder Katzen besaßen, anders wahrnahm. Hanna, eine meiner Freundinnen schon zu Studienzeiten, ging ausschließlich mit ihrem Hund Mascha durchs Leben: Fuhr sie in einem Kinderanhänger an ihrem Fahrrad durch Leipzig zur Vorlesung, paddelte und zeltete mit ihr und bekam von diesem Hund das, was Hanna weder ihre Herkunftsfamilie noch ihre Partner geben konnten. Wahrscheinlich nennt man so etwas einen »Seelenhund«. Wir wussten alle, dass es ungeheuer schwer für sie sein würde, wenn Mascha einmal sterben würde. Als es dann aber eines Tages so kam – hier stimmte übrigens der Spruch »Totgesagte leben länger«, denn sie wurde viel älter als meine Freundin Hanna annahm –, begriff ich noch einmal mehr, dass dieser Hund eben »nicht nur ein Tier« ist, das sie da verloren hatte. Für Hanna war Mascha ein Lebensbegleiter, eine Freundin, ein lebendiges Tagebuch, ja ein Teil ihrer selbst. Selbstverständlich begleitete sie sie auf ihrem letzten Weg ins Krematorium nach Stade und rief mich damals bitterlich weinend an, als sie Mascha gehen lassen musste. Bis heute erinnern viele Bilder und ein Gedenkbuch in Hannas Wohnung an dieses Tier, das ihr erstes war.

Carla hat viel mit Menschen wie Hanna zu tun. Sie ist Tierärztin, und wenn sie so auf ihre Zeit in der Tierklinik in Berlin und der Kleintierpraxis in Hamburg zurückblickt, dann kann sie definitiv feststellen, dass die Menschen ihre Haustiere in der

Regel als vollwertiges Familienmitglied ansehen und manchmal sogar als Kinderersatz. Gewissermaßen ist Carla also Kinderärztin und hat mit all den Ängsten und intensiven Gefühlen zu tun, die man hat, wenn man in Sorge um ein Kind ist. Diese tiefe Beziehung hat für Carla mit der bedingungslosen Liebe zu tun, die ein Mensch durch ein Haustier erfährt – auch wenn aus der Perspektive des Tiers natürlich der Versorgungsaspekt vermutlich die größere Rolle spielt. Der Mensch werde vom Tier so angenommen, wie er ist, sagt Carla. Das Tier schenke ihm eine nie nachlassende Zuwendung. Es sei ein verlässlicher Lebenspartner und auch ein Mittel gegen Einsamkeit. Denn es muss gefüttert und ausgeführt werden und gibt dem Menschen damit Struktur in der Gestaltung seines Alltags. Und das wiederum schenkt Sicherheit und Halt. Das hat auch etwas mit Ritualen zu tun. Carla formuliert diese Worte mir gegenüber eher nüchtern, aber ihre Bedeutung ist alles andere als das: »Bedingungslose Liebe«, »angenommen sein, wie man ist«, »nie nachlassende Zuwendung«, »verlässlicher Lebenspartner« ... Ich glaube, das ist nicht weniger als das, wonach sich die meisten von uns in einer Partnerschaft sehnen. Nur dass diese Dinge dort eben unverfügbar sind. Man kann nur darauf vertrauen, dass der andere fühlt wie man selbst ...

Wenn man die Trauerworte liest, die das Tierbestattungsunternehmen Rosengarten für seine Kund:innen auf seiner Website zusammengestellt hat, dann ahnt man etwas von dieser tiefen Verbindung, die Menschen und Tiere zusammenschweißt. Ich zitiere stellvertretend ein Trauerwort, das nach dem »Kleinen Prinzen« von Antoine de Saint-Exupéry hier festgehalten worden ist:

»Seelenhunde hat sie jemand genannt.
Jene Hunde, die es nur einmal im Leben gibt.
Jene Hunde, die wie Schatten waren.
Wie die Luft zum Atmen.
Jene Hunde, die uns ohne Worte verstanden.«[16]

Ins elektronische Gedenkportal »Rosengartensterne« hat Christian über seine nach 19 Jahren gestorbene Katze Nora geschrieben:

»Du warst mehr Freundin als Katze. Hattest zu allen deine Meinung und mehr Leidenschaft als eine Geliebte. Danke für unsere gemeinsame Zeit …«[17]

Als Tierärztin hat Carla natürlich auch mit dem Tod zu tun. Im Studium hat sie die pharmakologischen Zusammenhänge in und auswendig gelernt, weiß, wann Krankheiten final sind, wann eingeschläfert werden muss. Aber was nicht zur Ausbildung gehörte, war, wie man es gut macht für die Menschen, die zurückbleiben, das muss man sich im Grunde selbst überlegen. Als Tierärztin ist man zwar irgendwie immer auch Seelsorgerin, aber dafür wird man nicht ausgebildet.

Für Carla ist und bleibt das auch nach vielen Jahren der Berufsroutine eine große Entscheidung – das Leben eines Tieres zu beenden. Um sich diese Entscheidung zu erleichtern, hat sie sich Kriterien überlegt, die ihr dabei helfen sollen. Offiziell fällt man diese Entscheidung zwar mit dem Tierhalter zusammen, faktisch muss man sie den Menschen als Ärztin jedoch oft abnehmen – sowohl medizinisch als auch emotional. Das Wichtigste ist für Carla das Wohl des Tieres, darauf hat sie einen inneren Eid geschworen. Daher schaut sie neben der Prognose für die Erkrankung danach, ob das Tier Schmerzen hat, ob es appetit- und/oder teilnahmslos ist, ob es offene Wunden gibt, die eine Ansteckungsgefahr für den Menschen bedeuten könnten. Trifft etwas oder mehreres davon zu, kommt eine Einschläferung überhaupt erst für sie infrage. In diesem Fall erklärt sie den Besitzer:innen ruhig und bedacht, wie das ablaufen würde. Manchmal machen sie dann gemeinsam einen neuen Termin aus, weil diese Entscheidung für die Besitzer:innen für den Moment zu groß ist. Manchmal geht es aber auch ganz schnell, weil das Tier so sehr leidet. Carla fragt die Besitzer:innen dann, ob sie dabei sein möchten. Die meisten wollen das. Dann sucht sie einen ruhigen Raum, in dem man vor unerwarteten Störungen geschützt ist. Die Leute müssen genügend Zeit haben für den Abschied von ihrem oft jahrelangen Begleiter. Und es muss geklärt sein, was mit dem Körper des Tieres passiert, wenn es tot ist. Da gibt es inzwischen sehr unterschiedliche Varianten: Viele nehmen das Tier mit nach Hause und begraben es bei sich im Garten. Andere beauftragten ein Bestattungsunternehmen. Dann wird das Tier in einer kleinen Truhe in der Praxis gekühlt, bis es abgeholt wird. Nach einiger Zeit bekommen die Besitzer:innen dann eine Urne mit der Asche ausgehändigt. In Österreich bietet eine Firma sogar an, ein Gemisch aus humaner und tierischer Kremierungsasche zu einem Rubin umzuwandeln. Die kostengünstigste Variante ist, dass sich die Praxis darum kümmern soll. Dann kommt jemand vom städtischen Werk für Tierkörperbeseitigung und verbrennt den Körper. Das war früher der Regelfall, kommt aber heute nur noch selten vor. Auch daran sieht man, dass der Wert, den Haustiere für den Menschen haben, immer größer wird.

Oft ist eine Einschläferung der erste Sterbeprozess, den Menschen in ihrem Leben begleiten. Gerade auch für Kinder ist es eine der ersten Berührungen mit dem Tod. Der Vorgang selbst ist zwar routiniert, aber wenig ritualisiert. Wenn Carla dem Tier die Narkose zum Einschlafen gibt, dann streicheln und kuscheln die Besitzer:innen das Tier oft noch einmal, um sich zu verabschieden. Bei der letzten Spritze, die zum Stillstand des Herzschlags führt, murmeln sie häufig noch einmal den Namen oder ein »Wir werden dich vermissen!«. Wenn das Herz aufgehört hat zu schlagen, legen sie liebevoll eine mitgebrachte Decke über das Tier. Manchmal noch eine kleine Blume oder ein Stofftier dazu. Mehr passiert nicht. Kerzen sind in Arztpraxen untersagt, und hinter den Türen der anderen Sprechzimmer warten bereits die nächsten kleinen Patienten, die sich mitunter bereits durch ein minutenlanges Bellen oder Winseln bemerkbar machen.

Als Carla noch in einer Tierklinik gearbeitet hat, musste sie bestimmt drei bis fünf Tiere pro Woche einschläfern. Das hat damit zu tun, dass dort regelmäßig Unfälle eingeliefert werden. Die emotionale Belastung dabei war häufig so hoch, dass Carla irgendwann in eine starke innere Distanz gedriftet ist, um sich selbst vor der Intensität dieser Erfahrungen zu schützen. Das hat sie erschreckt. Denn der Tod ist ja keine Blasenentzündung. Aber man musste ihn eigentlich genauso handhaben. Ihr half das innere Abfragen der Kriterien, die Selbstüberprüfung – das ist für sie auch eine Art Ritual gewesen, das ihr Halt gegeben hat, um sich auf die Emotionen im Umfeld des Todes zwar gut einlassen zu können, sich davon aber auch nicht auffressen zu lassen. Als wir darüber sprechen, frage ich sie, was ihr damals in der Tierklinik gutgetan hätte, um mit der Routine der Einschläferungen besser zurechtzukommen. Uns beiden kam die Idee eines Trauerbuches für die Tierseelen. Ich stelle mir ein großes

Buch mit Ledereinband und mit weißen Seiten vor, in das man ein Foto von seinem Lebensbegleiter einkleben und etwas über ihn schreiben kann. Das könnte einen besonderen Platz im Wartezimmer bekommen. So würde deutlich, dass Leben und Tod in einer Tierklinik – wie in jedem Krankenhaus auch – zusammengehören. Das kann entlasten – Carla und alle anderen, die den Tod an diesem Ort verkraften müssen.

Natürlich sterben die Tiere nicht immer in Carlas Praxis, sondern oft zu Hause. Manche Menschen nehmen dann noch einen letzten Pfotenabdruck von ihrem kleinen Liebling und schreiben Carla eine Karte, dass ihr treuer Begleiter jetzt über die Regenbogenbrücke gegangen sei. Dieses Motiv geht auf ein englischsprachiges Gedicht zurück, von dem man nicht genau weiß, wer es in den 1980er- oder 1990er-Jahren einmal geschrieben hat. Es erzählt von einer Brücke, die Himmel und Erde miteinander verbindet und die Farben eines Regenbogens trägt. In der Bibel ist der Regenbogen übrigens ein Zeichen für Gottes bleibende Treue. Wenn ein Tier stirbt, dann geht es laut diesem Gedicht über die bunte Brücke in den Farben des Regenbogens zu einem Land aus Wiesen, Hügeln und saftigem, grünen Gras. In diesem Land mangelt es ihm an nichts. Immer ist Frühling. Wer alt und krank war, wird wieder jung und gesund. Alle Tiere, die dort sind, rennen und spielen jeden Tag wie wild zusammen, bis eines der Tiere irgendwann plötzlich innehält und mit großen Augen aufsieht, weil es dich auf den ersten Stufen der Brücke gesehen hat. Du nimmst es in die Arme und hältst es fest, und es begleitet dich auf die andere Seite der Brücke, wo es grün ist und ewiger Frühling. Und ihr werdet nie wieder getrennt sein.

Ob es dieses Land wirklich gibt? Das werden wir sehen, wenn wir selbst unseren letzten Weg antreten. Auch wenn diese Hoffnung auf ein Wiedersehen hinter der Regenbogenbrücke tröstet, so ist es wichtig, eine gute Form zu finden, um sich von dem Tier zu verabschieden, ihm Lebewohl zu sagen. Wie ist das möglich? Unsere *st. moment*-Kollegin Angelika hat mit ihrer Tochter immer ein Grab ausgehoben, wenn eines ihrer Tiere starb oder sie auf ihrem Weg ein totes Tier entdeckten. Sie haben das Tier oder die Urne des Tiers dann in die dunkle Erde gelegt und gesagt. »Der Friede Gottes sei mit uns allen. Wir stehen hier am Grab von Percy. Und wir feiern jetzt eine Andacht im Namen des Vaters und des Sohnes und des Heiligen Geistes.« Ihr sind diese alten Worte zu Beginn wichtig. Im Anschluss sammelten alle, die dabei waren, Geschichten, die sie mit Percy, dem Meerschwein – oder dem Tier eben, das gerade beerdigt wird – erlebt hatten. Was sie aus seinem Leben wussten, was sie mit ihm verbanden – Freuden, lustige Begebenheiten und natürlich auch manche Kümmernisse. Dann segnete Angelika immer das Tier, indem sie ihre Hände erhob und sprach: »Percy, Gott segnet dich und Gott behütet dich. Gott behütet deinen Ausgang und deinen Eingang und beschützt dich vor allem Übel, jetzt und allezeit und in der Ewigkeit. Amen.« Dann wurde das Grab gemeinsam mit Erde verschlossen und mit Blumen geschmückt und bepflanzt. Oft hat ihre Tochter ein Holzkreuz geschnitzt – so auch für Percy. Denn auch für Kinder ist es wichtig, dem Abschied einen Namen zu geben.

Es gibt ganz unterschiedliche Varianten für einen Abschied, und ein paar Ideen haben wir hier für dich festgehalten:

Ein Ritual für dich

ABSCHIED VON DEINEM HAUSTIER

Suche einen passenden Abschiedsort. Das kann der Lieblingsort deines Tieres sein, dein eigener Kraftort oder auch ein ganz anderer Ort. Lade Menschen ein, die dich dabei begleiten, die dir wichtig sind. Vielleicht bringst du ein paar Erinnerungsgegenstände mit oder auch eine Kerze oder Ähnliches.

SO KÖNNTE EIN MÖGLICHER ABLAUF AUSSEHEN:

Ein Ritual zum Abschied

Du kannst deinen Liebling berühren, mit ihm reden oder einfach in der Stille bei ihm sitzen; du kannst Erinnerungen über euren gemeinsamen Weg aufschreiben oder sammelst sie mit den Menschen, die dich gerade begleiten; du kannst einen Abdruck von seinen Pfoten nehmen; du kannst aus Fotos ein kleines Album erstellen; du kannst einen Abschiedsbrief schreiben; du kannst Musik spielen; du kannst eine Kerze anzünden; du kannst Erinnerungsgegenstände neben den toten Körper oder die Urne legen wie das Lieblingsspielzeug oder das Halsband.

Ein Gebet sprechen[18]

»Gott des Lebens:
Du hast [Name des Tiers] wieder zu dir genommen.
Bei dir ist sie/er jetzt daheim und wird nun von deiner Liebe gehalten.
Aber wir vermissen sie/ihn schrecklich.

Wer empfängt uns jetzt am Abend, springt an uns hoch/schmiegt sich an unsere Beine/zwitschert uns fröhlich entgegen/...?
Wer liebt uns so, wie es [Name des Tiers] konnte?
Vergib uns, wenn wir ungerecht waren, zu wenig Zeit hatten.
Lass [Name des Tiers] froh sein bei dir, lass sie/ihn spielen auf einer himmlischen Wiese.
Wir danken dir, dass sie/er bei uns war.
Amen.«

Asche verstreuen oder Urne/Tier begraben (wenn möglich und gewünscht)

Vielleicht hast du die Möglichkeit, deinen Liebling unter Einhaltung der rechtlichen Vorschriften auf dem eigenen Grundstück zu beerdigen. Oder du wendest dich an einen Tierfriedhof/-wald und/oder ein Tierkrematorium.

Abschlusswort

Du kannst deine Hand auf dein Tier legen, Erde auf das Grab geben, Blumen neben das Tier/das Grab/die Urne legen oder besondere Gegenstände auf den Lieblingsplatz deines Tieres.

»Mach's gut, mein Liebling!
Du bist jetzt aufgehoben
in Gottes großer Liebe
auf der anderen Seite des Regenbogens.
Irgendwann sehen wir uns wieder.
Daran glaube ich fest.
Amen.«

Erzählung 18
Fest der Toten.
Lebendig Menschen erinnern

Emilia Handke

An Totensonntag ist der Zug von Hamburg nach Berlin bereits am Vormittag fast bis auf den letzten Platz gefüllt: schlafende, lesende, hustende, quasselnde, unruhige und angesäuerte Menschen, alle nebeneinander ... Als ich den über zwei Sitze lümmelnden, mit einem Hardrock-Shirt bekleideten, etwas zotteligen Mann mit den tätowierten Unterarmen, der Eisern-Union-Berlin-Mütze und der Apfelschorle danach frage, ob der Platz neben ihm noch frei sei, schnauzt er mich an, dass beide Plätze bereits ab Berlin schon wieder reserviert seien. Da ich nur bis Berlin fahre, ist das für mich egal. Widerwillig räumt er die Plastikflasche mit der Apfelschorle weg. Ich stecke mir die Kopfhörer ins Ohr, weil ich so viel Unfreundlichkeit am Morgen dieses besonderen Sonntags nur schwer ertrage und stelle eine Zufallsplaylist ein. Drei Lieder werden mir präsentiert: »Gegenwart« von AnnenMayKantereit, »Sterne glüh'n« von Wenzel und »Von guten Mächten wunderbar geborgen« von Siegfried Fietz. Präludien des Tages, ich muss schmunzeln. Zufall? Algorithmus? Oder willst du mir etwas Spezielles damit sagen, Gott?

Gedämpft höre ich, wie der junge Mann mir gegenüber mit der grünen Joppe und den verschlafenen Haaren, der mir vorhin einen mitfühlenden Blick zugeworfen hat, die junge Frau neben sich anspricht: Ob es für sie in Ordnung sei, sich ein wenig zu unterhalten? Das Sherlock-Holmes-Buch, das er zuvor aus seiner alten Aktentasche aus abgegriffenem Leder herausgezogen hat, legt er weg. Irgendwie klappt es nicht mit dem Lesen. Und dann ist plötzlich alles, dem ich entgegenfahre, schon da – es bündelt sich auf dem Vierer gegenüber der Nummern 123, 124, 127 und 128, im ICE 509 von Kiel nach Berlin. Ich lasse die Kopfhörer unauffällig aus meinen Ohren gleiten und versuche zuzuhören, was mir der Tag bereits jetzt zu erzählen hat. Ich verstehe einzelne Fetzen: dass der junge Mann gestern Freunde in Lübeck getroffen habe, weil jemand aus ihrem Kreis gestorben sei und sie sich gemeinsam an ihn erinnern wollten, sodass er noch ein bisschen länger da sei.

Ob sich die Freunde auch in der Corona-Zeit zum Todestag getroffen hätten, möchte die zarte, nachdenkliche Frau, die sich auf das Gespräch einlässt, wissen. Nein, es sei das erste Jahr. Sechs Freunde seien zusammengekommen. Die Mutter des toten Freundes habe alle seine Sachen in eine Kiste getan und fasse diese Kiste nur ganz selten an. Überhaupt habe er den Eindruck, dass ihr Level an Freude grundsätzlich herabgesetzt sei. Ob das wohl so sein müsste oder es nur eine Zeit lang so wäre? Später erzählt die Frau vom Tod ihres Vaters. Vergangenes Jahr zum Todestag hätten sich ihre Mutter und ihre Geschwister in Kiel getroffen. Da hätte sie Sachen erfahren, die sie doch überrascht hätten und die ihr unangenehm seien im Nachhinein. Genau genommen habe sie da gemerkt, wie wenig sie eigentlich über ihren eigenen Vater wüsste. Ihre Eltern würden zu einer Generation gehören, die immer Scheu hätte, über die eigenen Probleme zu reden. Er nickt heftig. Das sei bei seiner Mutter auch so: immer für andere da sein, aber sich selbst emotional völlig vernachlässigen … Warum er sie angesprochen hätte, will sie wissen, als er sich bereit macht auszusteigen. Die Antwort entgeht mir leider. Aber er bedankt sich bei ihr: Darüber zu sprechen, tue schon gut. Der Abschied ist höflich und distanziert. Die schmale Frau mit dem gerade geschnittenen Pony bleibt noch eine Station mit mir im Zug, still und nachsinnend. Kurz bevor ich aussteige, schiele ich noch kurz rüber, was die Rockmaschine neben mir hört, und bin sehr verblüfft, als ich ganz anderes sehe, als ich es erwartet hätte, und »Mr. Met« von Lambchop lese:

»God made us rational …
I think of you today

Boy, what an a-hole
You made me spare

Like used software
I will not join you

Friends make you sensitive
Loss made us idiots

Love made a festival«

Als ich an meinem Ziel aussteige, bin ich beseelt von diesen ersten Eindrücken des Tages. Denn ich fahre an diesem Tag ja zu einem Fest, das aus Liebe gemacht ist. Veranstaltet vom *Segensbüro* in Berlin, das so etwas wie eine Schwester von *st. moment* ist. Als ich damals den Prozess in Hamburg angestoßen habe, gab es schnell viele interessierte Kolleg:innen aus ganz Deutschland. Unter anderem die Berliner. Ich erinnere mich gerne an einen Nachmittag auf St. Pauli, wo wir über meine Ideen und unseren Prozess in Hamburg diskutiert haben. Und nun ist das

Segensbüro da. Und lädt zum »Fest der Toten« ein. Für mich ist es etwas Besonderes, dorthin zu fahren.

Heute sollen die Lebensgeschichten unserer Verstorbenen im Mittelpunkt stehen – an einer großen, festlich gedeckten Tafel versammeln wir uns gemeinsam, um an unsere Verstorbenen und ihre Geschichten zu erinnern. Jeder ist eingeladen, das Lieblingsessen der Toten mitzubringen und ein Foto oder einen Gegenstand, der uns mit ihnen verbindet. Es ist der Versuch, einen Schritt näher zu kommen an eine Gemeinschaft, vielleicht auch an einen Glauben, in jedem Fall aber an den Umgang mit dem eigenen Verlust.

Neben mir sitzt eine ältere Frau, etwa Mitte 70, die Wiener Würstchen und Kartoffelsalat aufs Buffet gestellt hat, »für Rainer«, ihren Bruder, dessen Lieblingsessen das war. Die Gesprächskarten, die neben den leuchtenden Butterbrottüten mit den Kerzen auf unserem Tisch stehen, brauchen wir nicht. Ich frage sie einfach, wie sie hierhergekommen sei. Beim Seniorenkreis lagen die Einladungskarten aus, erzählt sie mir. Sie möchte hier an ihren kleinen Bruder Rainer erinnern und holt eine Puppe aus ihrer Tasche, während sie erzählt. Die mutet etwas asiatisch an und würde »Reissi« heißen – das S stimmhaft betont! Ihre Enkelin habe sie ihr geschenkt, weil die Oma immer so viel von Rainer reden würde. Reissi hat keinen Mund – das fällt auch meinem Tischnachbarn sofort auf, und er fragt die alte Dame, warum. Sie sagt, dass sie vier quatschende Schwestern hatte, aber nur den einen stillen, fast stummen Bruder, der im Grunde nie etwas gesagt habe, vielleicht auch, weil er bei diesen Schwestern gar nicht zu Wort gekommen sei ... Rainer sei bereits mit 45 Jahren gestorben, er fuhr einen Berg mit dem Rad hoch und sei am Gipfel einfach umgefallen. Herzinfarkt mit 45. Einfach so. Krank? Nicht dass sie wüsste. Es sei zwar schon viele, viele Jahre her, aber sie hänge so sehr an ihrem kleinen Bruder. Genau wie Reissi trug auch er immer einen Zopf im Nacken. Nur das Haar war nicht ganz so schwarz ...

Links neben mir sitzt ein junges Paar – er Mexikaner mit buntem Schmuck und langen dunklen Haaren, sie Wahlberlinerin aus Bayern, Mathematik- und Philosophielehrerin. Sie seien heute hier vorbeigekommen, weil sie zufällig mal bei einer Veranstaltung der Initiative *Start.Bahn* der Berliner Genezarethkirche waren, bei der nachts barfuß getanzt wurde. Das hätten sie in einer Kirche nie vermutet! Noch dazu, wenn man wie sie aus Bayern komme ... Sie möchten unterstützen, was hier passiert, wie man sich hier an die Toten erinnert. Neulich seien sie auf einer Veranstaltung in einer mexikanischen Bar gewesen, wo das Leben gefeiert wurde und die Toten gefühlt mit dabei gewesen wären. Er kenne das aus seiner Heimat Mexiko. Die Erinnerung an die Verstorbenen ist dort so tröstlich, weil man durch die Feiern das Gefühl bekomme: Dort, wo wir hingehen werden, da ist es fröhlich und warm. Und dass wir verbunden bleiben. Das macht den Verlust leichter.

Dieses Gefühl entsteht auch hier beim »Fest der Toten«. Vieles holt die Toten in den Raum: die liebevoll zubereiteten Speisen zum Beispiel. Es ist schön, die kleinen Schilder dazu zu lesen, bevor man sich den Teller füllt: Lieblingsspeise »Bienenstich« von »Horst« oder Lieblingsspeise »Pflaumenknödel« von »Oma Rosemarie«. Oder die bunten, hölzernen Totenbretter mit den goldenen Scherben und dem Brautschleier und dem Schleierkraut, die sie am Vortag gebastelt haben und die in der Nähe des

Altars stehen. Oder der Erinnerungsbaum, an dem auf quadratischen grünen Zetteln alle Namen der Toten stehen. Oder die Erinnerungsstücke auf den Holzkisten: Briefe, Fotos, Kuscheltiere. Zwischendurch spielt ein Akkordeon oder eine Gitarre. An den großen langen Tisch in der Mitte des Raumes musste angebaut werden, weil so viele Menschen gekommen sind. Eine Mutter beobachte ich lange aus der Ferne, wie sie ihr Kind bergend im Arm hält, während die Sängerin mit ihrem Akkordeon »Halleluja« spielt. Es kann noch nicht sehr lange her sein, dass das Kind seinen Papa verloren hat.

Totensonntag, das ist ein Tag der Erinnerung. König Friedrich Wilhelm III. führte ihn im Jahre 1816 genau dafür ein, damals noch ganz selbstverständlich als »allgemeines Kirchenfest zur Erinnerung an die Verstorbenen«[19]. Der Tag gilt in fast ganz Deutschland als »stiller Tag«, außer in Hamburg. Der Preußenkönig hatte sechs Jahre zuvor seine Frau – Königin Luise – verloren. Außerdem saßen ihm die vielen Todesopfer der Befreiungskriege gegen Napoleon im Nacken. Aber vielleicht spielte auch seine Ader für die Empfindsamkeit des Zeitalters eine Rolle. Jedenfalls setzte er mit diesem Feiertag ein evangelisches Äquivalent zum katholischen Feiertag Allerheiligen am 1. November. Seitdem werden in den Gottesdiensten zum Totensonntag traditionell die Namen der Verstorbenen verlesen und eine Kerze für sie angezündet. Oftmals läuten dabei die Kirchenglocken. Wer sonst nicht in den Gottesdienst kommt, aber der Kirche irgendwie verbunden ist, der schleppt sich an diesem Tag in die alten Gemäuer, um vom ewigen Leben zu hören und von der Vorbereitung auf das Ende, das jederzeit kommen kann. Mancherorts gibt es auch schweigende Prozessionen auf den Friedhöfen. Es gilt als ungeschriebene Regel, die Gräber noch mal schön zu machen vor Totensonntag und vielleicht auch vor dem ersten Advent, der auf den Totensonntag unmittelbar folgt.

Ein Sonntag für die Toten. Eine Unterbrechung der Geschäftigkeit des Jahres. Ein Lichtermeer in der Dunkelheit. Ein Innehalten und Raumgeben für die Erinnerung an jene, die wir gehen lassen mussten. Eine Zeit, in der die eigene Trauer wieder laut werden darf. Aber: Du musst das nicht allein tun, es gibt Gemeinschaften, in denen du Unterschlupf finden kannst, die dich tragen und die große Worte für dich sprechen und dir alte Geschichten erzählen. Die dir den Rahmen geben für deine Trauer. Ein Rahmen, an dem du dich festhalten kannst. Wenn du das alles aber nicht willst, dann habe ich eine andere Idee für dich:

Räume deinen Tisch zu Hause leer und lege ein weißes Tischtuch darauf.

Nimm dir eine Kerze und die Musik, die deine Mutter, dein Vater, deine Schwester, dein Bruder, deine Großmutter, dein Uropa, deine Freundin oder dein Gefährte – wen auch immer du gehen lassen musstest – immer gehört haben.

Versuche, dabei an sie zu denken.

Lass die Bilder aufsteigen, höre auf das Lachen, das Weinen oder das Zetern.

Versuche, dir das Gesicht noch einmal vorzustellen: die Nase, die Stirn, den Haaransatz, die Haltung, den Mund, die Hände, den Gang.

Und jetzt möchte ich dir einen Text schenken. Ich glaube, es ist die Botschaft eines Engels, der zwischen Hier und Dort hin- und herfliegen kann.

Heute habe ich sie für dich geschrieben:

An alle, die jemanden verloren haben, irgendwo da draußen in der Dunkelheit:
auf einer Allee, im summenden und doch so schrecklich stillen Krankenhaus,
auf hoher See, in Seelennot oder im Federbett mit den großen weißen Kissen.

Ich seh' dich jede Nacht, wenn ich meine Runde drehe.
Wenn ich meine Augen weit aufreiße und diejenigen suche, die Trost brauchen.
Ich weiß nicht, ob du mich spüren kannst …

Ob du weißt, dass ich derjenige bin, den man abgebildet hat in den Kirchen, auf den Gräbern oder auf den Schlüsselanhängern, die Liebende füreinander in der Stadt kaufen?

Ob du weißt, dass ich dich jeden Abend bedenke?

Ich wende mich dir zu, ich glaube, du schläfst beinah.

Wenn dich die Angst vor dem nächsten Tag oder der Schmerz des Verlustes quält, und wenn du nicht aufstehen kannst und den Weg in den Alltag nicht mehr findest, dann denk an das Versprechen, das ich dir zugeraunt habe.

Wann hast du mir ein Versprechen zugeraunt?

Immer wieder raune ich dir dieses Versprechen zu.
Wenn der Mond aus dem Nachthimmel hervortritt,

wenn sich die Wolken zu Luftschlössern oder Pferden formen
wenn sich die Sonne über den Baumwipfeln wiegt:

Einmal sehen wir uns wieder.

Bei jedem Tod werd' ich meine Flügel ausstrecken
und sie weit machen – weit, warm und groß –
und euch unter meinen Flügeln mit nach Hause nehmen.
Sanft wie ein kleines Blatt im Wind,
das zu seinem Ursprung zurückkehrt
als Kind.

Alle Wunden, die ihr abgekriegt habt, werde ich unversehrt machen.

Ich werd' euch tragen, und der Uhrschlag der Zeit wird an euch vorbeirauschen.
Abertausend Tage wie eine einzige, lichte Sekunde.

Alles wirst du noch einmal mit anderen Augen sehen:
Deine Eltern – als sie dich das erste Mal im Arm hielten.
Den Brief, dessen Worte dich damals so verunsichert haben.
Das, was dir der Weizen auf dem Feld sagen wollte
oder die alte Inschrift an der Felswand.
Zuletzt dich selbst: Schön und von allem Eise befreit.

Du musst dich darum nicht fürchten.
Niemand von euch.

Denn ich werd' leuchten lassen mein Angesicht,
und anstrahlen die Klarheit unseres Gottes,
und seine ununterbrochene Nachricht an euch
ununterbrochen flüstern:

Einmal sehen wir uns wieder.
Du musst dich darum nicht fürchten.

Erzählung 19
Kummerkutter. Über Trauerrituale, die wirklich helfen

Meike Barnahl

Das Stück Treibholz liegt warm in der Hand. Wenn man darüberstreicht, fühlt es sich weich an. Sand und Wasser haben die Kanten rund geschliffen. Ein Riss zieht sich hindurch. Trotzdem ist das Stück stabil. Viele verschiedene Formen und Größen finden sich in der Kiste – kleine, filigrane Stücke liegen neben großen, krummen Exemplaren. Wer weiß, wo sie herkommen? Welchen Weg sie durch das Wasser bereits genommen haben? Wer weiß, wo sie hingehen werden?

Zuerst werden sie heute zu etwas Neuem werden und dann – vielleicht – wieder auf die Reise geschickt.

Es ist der Samstag vor dem ersten Advent. Gerade erst wurde in den Kirchen und auf den Friedhöfen der Ewigkeitssonntag und Allerheiligen gefeiert. Tage, an denen viele Menschen an ihre Toten denken. Tage, in denen die Erinnerungen hochkommen und die Lücke manchmal besonders schmerzt. Draußen vor der Tür leuchten die Lichter des kleinen malerischen Weihnachtsmarktes in das Grau des Himmels. Drinnen im Forum der Hamburger Apostelkirche haben sich Menschen um einen großen Tisch versammelt. Sie kramen in der Treibholzkiste, wählen ein Holzstück aus, machen sich mit Hammer und Nägeln oder Nadel und Faden ans Werk.

Jan, unser Bestattungspastor von *st. moment*, hat sie heute eingeladen. Die Apostelkirche im Hamburger Viertel Eimsbüttel – in deren Turm wir unsere *st. moment*-Räume haben – wird heute zur Werkstatt mit einer besonderen Atmosphäre. Dicht und berührend und trotzdem auch leicht. In dieser Werkstatt wird gebaut und gestaltet, das kann jeder durch die großen Fenster sehen. Nicht sehen kann man, dass hier Trauerarbeit geschieht. Denn es geht um Abschiednehmen und Loslassen, oder vielleicht vielmehr darum, dass die Trauer ins Fließen kommen kann. Dass sie Raum bekommt und in Bewegung gerät. Auch für gegensätzliche Gefühle ist dabei Platz. Die Wut über verpasste Chancen entlädt sich beim Hämmern, gleichzeitig offenbart sich große Dankbarkeit für die letzten gemeinsamen Tage in liebevollstem Basteln. In dieser Werkstatt ist für alle Gefühle Platz, für Enttäuschung über Unausgesprochenes genauso wie für geteilte Zärtlichkeit, für Schuldgefühle genauso wie für Rührung. Überall im Raum stehen Kisten mit Materialien, Werkzeugen, außerdem hat Jan Punsch und Kaffee und Muffins bereit gestellt.

Immer wieder hört man auch Lachen. Neben den traurigen Abschied gesellen sich wertvolle Erinnerungen und ein froher Blick zurück auf die gemeinsame Zeit. Und darauf, wer der Mensch einmal war, um den es hier heute geht. Was hat ihn ausgemacht, was hätte ihr gefallen?

Aus dem Treibholz, aus Farben, Stoffen, Seilen entstehen hier Kummerkutter und Trauerflöße. Neben Masten und Segel gesellen sich Botschaften und Erinnerungen.

Es tut gut, etwas mit den Händen machen zu können. Dieses Stück Treibholz nach ganz eigenen Wünschen zu gestalten. Niemand muss dabei reden. Aber manchmal kommt man doch so ganz nebenbei, leicht und zwanglos ins Gespräch. Man ist unter sich – auch die anderen kennen die schmerzhafte Lücke, die der Tod eines Menschen hinterlässt. Da muss man nicht viel erklären. Jede und jeder, der heute hier ist, weiß, was Trauer bedeutet und wie schwer die Arbeit daran ist. Keiner, der heute hier ist, hat sich gewünscht, Teil dieser Gemeinschaft zu sein. Aber wenn man schon zu denen gehören muss, die trauern, dann kann man genauso gut hier werkeln. Und das tut gut.

Manche gehen planvoll vor. Sie überlegen genau, wie ihr Kutter einmal aussehen soll. Ob er schwarz sein soll, als Zeichen der Trauer, oder die Farben der Hoffnung auf dem Segel trägt. Manchmal fallen verstohlene Blicke auf die Kutter der anderen. Manchmal wirkt der Blick wie versunken. Andere lassen sich eher treiben, assoziativ fügt sich eins zum anderen, und mit der Zeit entsteht ihr ganz eigenes Kunstwerk. So unterschiedlich, wie sie arbeiten, so unterschiedlich sind auch ihre persönlichen Geschichten, die sie hier zusammengeführt haben. Eine trauert um ihren Ehemann, mit dem sie mehr als ein Vierteljahrhundert ihres Lebens gelebt hat. Ein Paar trauert um sein kleines Baby, das nur wenige Wochen gelebt hat. Bei manchen ist die Trauer ganz frisch, sie haben gerade erst Abschied genommen. Anderen ist die Trauer schon einige Jahre Begleiterin im Leben. Sie wissen, dass sie nicht einfach wieder weggeht, nach ein paar Wochen oder einem Jahr …

Früher gab es das traditionelle Trauerjahr nach dem Tod eines nahen Angehörigen. Es war ein gesellschaftlich gesicherter Schutzraum. Am Ende dieser Zeit, so war die Vorstellung und das spiegelt sich auch sprachlich wider, legt man die Trauer ab wie die schwarze Kleidung. Inzwischen ist gut erforscht, dass das so nicht stimmt. Es gibt verschiedene Trauerphasen, die mehr oder weniger intensiv im Trauerprozess durchlaufen werden, aber eben nicht linear. Trauer ist eher ein kreisförmiger Prozess, mehr wie eine Spirale. Manche Phasen kommen immer wieder, aber sie werden kürzer, nehmen weniger Raum ein, und die Trauernden lernen, sie in ihr Leben zu integrieren. Das Wissen darum ist hilfreich. Schwierig dagegen ist, dass die Trauer in unserer Kultur fast gar nicht mehr nach außen sichtbar ist.

Den gesellschaftlichen Schutzraum von früher gibt es nicht mehr, sondern er kommt noch on top als Aufgabe auf die Trauernden zu, sie müssen ihn für sich selbst schaffen. Tod und Trauer sind zur Privatsache geworden, in der Öffentlichkeit sind sie kaum noch präsent. Eher nach wenigen Wochen als nach einigen Monaten hören Trauernde dann solche gut gemeinten, aber gar nicht hilfreichen Ratschläge wie: »Jetzt musst du mal wieder nach vorne sehen …«, »Das Leben geht weiter …«, »Du musst deinen Toten auch mal gehen lassen.«

Jan ist in seiner Arbeit wichtig, dass der Tod wieder präsent wird in der Gesellschaft. Auf seinem Instagramkanal @kummerkutter geht es deshalb um den Tod genauso wie um das Leben davor und danach. Neben Konzertbesuchen, Buchrezensionen und Hochzeitsreels gibt es fast immer ein Selfie aus der Umkleide vor einer Trauerfeier – fast so wie bei einem Fußballspiel. Hinterher teilt er Storys mit dem Vornamen der Verstorbenen und etwas, dass sie oder ihn ausgemacht hat. Gibt gute Wünsche und Segen mit. Serviert auch mal einen Schnaps am Grab. Teilt Tipps, wie wir hilfreich für Trauernde sein können. Und er teilt die Bauanleitung für den Kummerkutter.

Manchmal fragen uns Leute, ob wir bei *st. moment* gelost hätten, wer welchen Schwerpunkt übernimmt und ob es schwer war für den, für dann halt das Traurige übrig blieb. Das Gegenteil ist der Fall. Jan hat sich bewusst entschieden, dass er bei uns im Team mit dem Schwerpunkt Bestattung, Tod und Trauer arbeiten will. Er hat dabei eine Gelassenheit, die mich immer wieder beeindruckt. Sie macht es vielen leicht, mit ihm in Kontakt zu kommen. Wer ihn kennenlernt, der merkt schnell, dass er das Leben liebt. Und den Tod kennt. Mit der Kummerkutter-Werkstatt möchte er Räume schaffen, in denen Menschen sich mit Tod und Trauer beschäftigen können – in einem geschützten Rahmen und auf ganz handfeste Weise. Er ist überzeugt, dass es uns überhaupt guttut, öfter und offener über den Tod zu sprechen. Nicht nur, wenn wir direkt betroffen sind.

Die ersten Prototypen der Kummerkutter und das Reel mit der Bauanleitung sind in einem Sommer kurz entschlossen auf dem Platz vor der Apostelkirche entstanden. Drinnen war es heiß und draußen gab es reichlich Platz. Immer wieder kamen Passanten vorbei, blieben Neugierige stehen und fragten, was hier vonstattenging. So kamen sie über Themen ins Gespräch, über die sonst keiner auf offener Straße redet. Jan ist überzeugt davon, dass der Austausch über schwere Themen ohnehin leichter geht, wenn wir dabei unsere Hände und unsere Kreativität ins Spiel bringen können.

Diese Erfahrung hat er schon früher gemacht, als er noch Gemeindepastor in Bargteheide in der Nähe von Hamburg war. Damals war er eine treibende Kraft für die »Himmlische Stadt der Kinder« auf dem Bargteheider Friedhof. Menschen, die ein Kind verloren oder eine stille Geburt erlebt haben, können bis heute in einem Workshop ein Haus aus Ton bauen. Sie schmücken und glasieren die Häuser und verewigen den Namen ihres Kindes darauf. Auch hier, in den Tonworkshops, tut es den Menschen gut, etwas mit den Händen zu tun und nebenbei vielleicht mit anderen ins Gespräch zu kommen, die wirklich wissen, wie sich Verlust anfühlt. Es tut auch gut, mit der Erfahrung nicht allein zu bleiben. Manche tauschen am Ende des Workshops ihre Nummern aus und werden so gegenseitig zu Trauerbegleiter:innen.

In ihrem Haus der Erinnerungen können dann Teelichter angezündet oder Balkone bepflanzt werden. Und wenn dann das eigene Tonhaus seinen Platz in der »Himmlischen Stadt der Kinder« auf dem Bargteheider Friedhof gefunden hat, ist es ein ungeheuer wichtiger Ort der Erinnerung für die Trauernden. Mitten zwischen den kleinen liebevoll verzierten Häusern aus Ton steht ein besonderes Haus – das himmlische Postamt. Bereit für die Bilder der Kinder oder die Briefe voller Wut, voller Hilflosigkeit und voller Liebe. Die kann man nämlich in einem Brief manchmal leichter ausdrücken als im Gespräch. Niemand wird die Post lesen. Nur Gott allein.

An diesem Nachmittag im November in Hamburg sorgt Jan für den Nachschub an Material und Getränken. Gibt den ein oder anderen Tipp, wenn das Segel nicht halten will. Zwischendrin macht er Polaroid-Fotos als Erinnerung zum Mitnehmen. Und hat ein offenes Ohr, wenn jemand in Ruhe sprechen will oder wenn die Tränen kommen. Er vertraut darauf, dass Gottes Horizont weit ist und mit dem Tod nicht alles zu Ende. Seine Gelassenheit hat viel mit diesem tiefen Glauben zu tun. Ob die Menschen an diesem Nachmittag im Forum diesen Glauben teilen, danach fragt keiner.

Als die Kummerkutter und Trauerflöße fertig werden, kommt ein ganz besonderer Moment – für viele der intensivste an diesem Nachmittag. Es ist Zeit, den Namen in das Holz zu gravieren. Manche wählen eine versteckte Stelle unter dem Rumpf, andere brennen ihn gut sichtbar an Deck ein. Es ist ihnen wichtig, den Namen auszusprechen. Die Worte des Propheten Jesaja werden greifbar, ohne dass sie jemand laut ausspricht: »Ich habe dich bei deinem Namen gerufen, du gehörst zu mir«, spricht Gott. (Jesaja 43,1) Die Kunstwerke werden einander präsentiert – man merkt den Stolz und die Freude, dass so etwas Schönes erschaffen wurde, für sich selbst und für den Menschen, den man vermisst.

Bei den Tonhäusern in der »Himmlischen Stadt der Kinder« ist klar, wo sie ihren Ort finden. Die Kummerkutter sind anders. Sie sind fluide, finden ihren ganz individuellen Weg – so wie die Trauer selbst und der Weg, den die Menschen mit ihr gehen. Der kleine Kutter kann ins Wasser gelassen werden auf Alster oder Elbe, um Richtung Horizont zu schippern. Oft nehmen die Menschen ihn aber mit nach Hause, wie einen Schatz. Dort findet er einen besonderen Platz, bis vielleicht doch eines Tages der Zeitpunkt gekommen ist zum Stapellauf. Wenn sie bereit sind, ihn ziehen zu lassen, hinaus in die Weite.

Ein Ritual für dich

MINIANLEITUNG FÜR DEN BAU EINES KUMMERKUTTERS

Für einen Kummerkutter brauchst du nicht viel: ein Stück Treibholz, Stöcke, Stoff, Farben, Bänder, vielleicht einen Anker oder einen kleinen Rettungsring, Erinnerungsstücke,

ggf. Kleber/Holzleim, Nadel und Faden, (Schnitz-)Messer, Säge, und wenn du hast: Schleifpapier oder eine Feile.
Aus dem Treibholz und möglichst natürlichen Materialien entsteht dein Kummerkutter. Du kannst deiner Kreativität freien Lauf lassen. Ob du einen Mast einklebst oder einspannst, ein Segel vernähst oder nicht, kannst du selbst entscheiden. Wenn du magst und noch Holz hast, kannst du den Kummerkutter mit Aufbauten versehen. Mach am besten zwischendrin eine Schwimmprobe. Der Kummerkutter schwimmt besser, wenn er oben nicht zu viel Gewicht hat.
Wenn für dich der Moment gekommen ist, deinen Kummerkutter hinauszusenden zum Horizont, dann habe ich hier ein paar Worte für dich:

»Weit wie das Meer ist Gottes große Liebe.
In Gottes Liebe ist Platz für meine Tränen und alles Schwere.
Ich kann abgeben und loslassen
und dennoch bleibst du, [Name des oder der Verstorbenen], in meinem Herzen.
Ich werde getragen und kann weitergehen,
Schritt für Schritt,
das Leben neu finden, das auf mich wartet.«

Und zuletzt: Gute Reise!

Meike Barnahl & Emilia Handke

An vielen Rastplätzen haben wir mit dir innegehalten. Haben dich mitgenommen an stille, verwunschene Flecken; an Rastplätze, auf denen das Leben tobt; haben Orte mit dir besucht, die wir nie wieder vergessen wollen, und auch solche, die uns ziemlich herausgefordert haben. Wir wollten dir damit zeigen, was uns heilig und was in der Kirche unserer Träume alles möglich ist. Diese Erfahrungen waren unser Antrieb, mit *st. moment* unsere Ideen und Ideale ins *echte Leben* zu bringen, damit viele Menschen Kirche genauso erleben können. Und sie bleiben unser Motor – für mich, Emilia, zuerst bei *Kirche im Dialog* und jetzt im Predigerseminar, also in der Ausbildung des Pastor:innen-Nachwuchses der Nordkirche –, für mich, Meike, mit unserem Team bei *st. moment,* und für uns beide gemeinsam bei der *Pop Up Church* und anderen Vorhaben und Gelegenheiten.

Als wir uns das erste Mal begegnet sind, haben wir sofort gemerkt, dass uns das Feuer und die Leidenschaft für diese Kirche und ihren Auftrag verbinden. Dass wir uns nicht zufriedengeben wollen mit dem, wie es gerade ist. Reformation ist ja eine bleibende Aufgabe – genau genommen auch in vielen anderen, wenn nicht sogar in allen Bereichen unserer Gesellschaft. Weil es darum geht, die notwendigen Updates nicht einfach wegzuklicken oder auszusitzen.

Wir sind davon überzeugt, dass die alten christlichen Rituale auch im 21. Jahrhundert nichts an ihrer Kraft und Heiligkeit verloren haben – wir sie mitunter einfach nur anders erzählen müssen. Damit Menschen sie besser verstehen können. Diese alten Geheimnisse berühren uns und unser Leben – manchmal nur für einen kleinen Moment, der aber für immer bleibt. Der sich einzeichnet in unsere Seelenlandkarte und Erinnerung. Der uns formt und zu den Menschen macht, die wir heute sind und die wir morgen sein werden.

Mit dieser Leidenschaft, den verborgenen Schatz zum Leuchten zu bringen und ihn laut in die Welt zu rufen, verbünden wir uns mit anderen Menschen, die mit ebensolcher Leidenschaft und Liebe auf der Suche sind. Wer das ist, hast du in unseren Erzählungen schon an der einen oder anderen Stelle erfahren. Dazu gleich noch etwas mehr. Aber erst einmal ist uns dies wichtig:

Wir bitten dich – ja, genau dich!

Fordere uns. Fordere die Kirche auf. Fordere sie heraus – auf ganzer Linie!

Denn Kirche zu verändern, ist eine Aufgabe von uns allen.

Trau dich, aus den klassischen Bildern auszusteigen. Vertraue deiner eigenen Sehnsucht: nach Rastplätzen in deinem Leben; nach Ritualen, die zu *dir* passen; nach Segen, der *dir* den Rücken stärkt, sodass du guten Mutes wieder aufbrechen kannst zu deiner nächsten Etappe.

»Ich will dich segnen – und du wirst ein Segen sein.«
(Genesis 12,2, zitiert nach der Zürcher Bibel)

Das ist einer unserer Lieblingssätze aus der Bibel: Dem alten Abraham steht eine neue Etappe bevor. Er muss sein ganzes bisheriges Leben einpacken und aufbrechen in eine unbekannte Zukunft. Und dann dieser Satz: »Ich will dich segnen!« Oder in anderen Worten: Es ist gut, dass du da bist. Du bist geliebt. Du bist nicht allein.

Das ist der Proviant, den Abraham auf seine Reise mitnimmt. Und den auch wir beide und all die anderen mitgeben wollen, wenn wir segnen. Dieser Proviant kommt nicht von uns, sondern von Gott. Und das Faszinierende ist, dass er tatsächlich mehr wird, wenn man ihn teilt. Das ist wie mit dem Wissen und der Liebe.

Der Satz geht aber noch weiter: »Du wirst ein Segen sein!« In anderen Worten: Es ist gut, dass du da bist. Du wirst helfen, heilen, lachen, lieben, trösten – die Gefährt:innen auf deiner Reise, Menschen, Tiere und die Welt, in der du unterwegs bist. Und du wirst auch ein Segen für die Kirche sein – wenn du sie herausforderst mit deiner Sehnsucht und deinen Wünschen!

Aber nun – Butter bei die Fische! – wie wir hier in Norddeutschland sagen: Wo findest du Verbündete – offene, kreative, mit dir suchende Pastor:innen und andere Menschen, die mit dir dein Leben, deinen Moment feiern und dich segnen? Wir geben zu: Nicht überall, wenn du an eine Kirchentür klopfst, wirst du sie finden. (Noch nicht – wir dürfen ja träumen!) Aber neben *st. moment* gibt es bereits viele andere, die unseren Traum von der Kraft der individuellen Rituale teilen. Manche andere Segensorte – sogar in den entlegensten Winkeln – machen wir in unseren Erzählungen sichtbar. Das können einzelne Pastor:innen sein wie z.B. Thomas, Ralf oder Anne, katholische Kollegen wie Reinhard oder Werner – und noch viele mehr. Oder mit *st. moment* verwandte Initiativen wie z.B. das *Segensbüro* in Berlin. Auch davon gibt es noch ein paar mehr – vielleicht auch in deiner Nähe wie die *Segen.Servicestelle* in Nürnberg und München, *segensreich.* in Lübeck und Lauenburg oder *leben.feiern.* in Hanau. Das können aber auch Kirchengemeinden sein – schaut euch z.B. mal nach einem Tauffest in eurer Nähe um. Oder kirchliche Communitys wie etwa die *beymeister* in Köln-Mülheim, den Verein *polylux* auf dem Datzeberg in Neubrandenburg oder *Kirche im Kiez* von der *ReFo Moabit*. Oder einzelne Netzwerke und Aktionen wie zum Beispiel die *Pop Up Church* in unserer Nordkirche.

Und wenn du an die Schiffstaufe, das Richtfest, den Bachelor of Being oder die Raunächte zurückdenkst: Es sind ja längst nicht nur Kirchenleute, denen die alten Schätze am Herzen liegen! Auch andere bewahren diese Schätze, tragen sie ins 21. Jahrhundert und bringen sie zum Leuchten. Damit wir mit ihnen Rast machen und uns miteinander verbinden können.

All das sind nur Beispiele, und diese Geschichten hier sind erst der Anfang ... Schau dich um, in den sozialen Medien oder frag in der Evangelischen Kirche in Deutschland (EKD) bei Pfarrerin Claudia Kusch (claudia.kusch@ekd.de) nach – sie kümmert sich als Oberkirchenrätin auch um solche Themen. Wir hoffen: Je mehr Menschen nachfragen, desto eher kommen Veränderungen in Gang, desto mehr Wege kann sich die Sehnsucht nach Segen bahnen. Übrigens sind einige bereits auf dem Weg, um von *st. moment* und all den anderen Pionier:innen zu lernen. Darüber freuen wir uns, denn dann ist es hoffentlich bald auch für dich ganz leicht, jemanden zu finden, der mit dir Rast hält und mit dir deinen Proviant packt für deine neue Etappe. Das Ganze geht natürlich nur, wenn es Menschen auch etwas wert ist – das ist das schnöde Thema mit dem lieben Geld. Und gleichzeitig ist es uns wichtig, dass Rituale und ihr Segen nicht am Geldbeutel scheitern. Das System der Kirchenmitgliedschaft ist ein Versuch, dieses Dilemma solidarisch zu tragen.

Rast halten und Proviant packen – das kannst du auch, indem du selbst ein Ritual mit deinen Freund:innen, deiner Familie, deinen Nachbar:innen oder deinen Kolleg:innen gestaltest. Nicht immer brauchst du »Profis« – gemeinsam werdet ihr ein Gespür dafür haben, was euch guttut und wo ihr vielleicht noch jemanden anderen an eurer Seite braucht. Gesegnet werden ist für uns alle gut – Segen geben können wir aber auch alle! Ein paar kleine Beispiele haben wir euch dafür am Ende einiger Erzählungen mitgegeben, als Zutaten für euren Proviant. Kombiniert, würzt und garniert sie so, wie es euch am besten schmeckt.

Und damit wünschen wir euch:

Gute Rast! Und: Gute Reise!

Anhang

Auf der Suche nach Anlaufstellen legen wir dir die folgenden ans Herz:

- *leben. feiern.* in Hanau: www.kirchenkreis-hanau.de/kirchenkreis/leben-feiern
- *uma institut* im Wendland: www.umainstitut.net
- *Bachelor of Being* in der Nähe von Kassel: www.bachelor-of-being.de
- *Orientierungszeiten* im deutschsprachigen Raum: www.orientierungszeiten.info
- *Segensbüro* in Berlin: www.segensbuero-berlin.de
- *Segen.Servicestelle* in Bayern: www.segen.bayern-evangelisch.de
- *segensreich.* in Lübeck-Lauenburg: www.segensreichrituale.com
- *st. moment* in Hamburg: www.stmoment.hamburg
- *beymeister* in Köln-Mühlheim: www.beymeister.wordpress.com
- *ReFo Moabit* in Berlin: www.refo-moabit.de
- *Pop Up Church* in der Nordkirche: www.kircheimdialog.de/projekte/pop-up-church
- *polylux e.V.* in Neubrandenburg: www.polyluxev.de

Anmerkungen

1 Byung-Chul Han: Vom Verschwinden der Rituale. Eine Topologie der Gegenwart. Berlin ^{4}2019, 10.

2 Ebd., 11.

3 Vgl. Hartmut Rosa: Resonanz. Eine Soziologie der Weltbeziehung. Berlin 2016, 297.

4 Michael Ende: Lied von der Anderwelt. Text abrufbar z.B. über: http://www.hospizgruppeschopfheim.de/hospiz-schopfheim-texte47-ende.pdf (Stand Juli 2023).

5 Willy Brandt: Erinnerungen. Frankfurt am Main 1989, 214.

6 Alle Infos stammen von der Website https://bachelor-of-being.de/ (Stand Juli 2023), aus einem mehrteiligen Beitrag der Hessenschau und von Imke-Marie Badur persönlich.

7 Vgl. https://brautkleidbleibtbrautkleid.blogspot.com/2013/ (Stand Juli 2023).

8 Nach Dorothea Sattler/Friederike Nüssel, Menschenstimmen zu Abendmahl und Eucharistie. Erinnerungen – Anfragen – Erwartungen, Frankfurt 2004, 125, aufgenommen bei Christian Grethlein, Abendmahl feiern in Geschichte, Gegenwart und Zukunft, Leipzig 2015, der zugleich als Quelle für die Geschichte des Abendmahls diente.

9 https://www.hamburg.de/strassenfest/2454292/weisses-dinner/ (Stand Juli 2023); http://www.weisses-dinner-hamburg.de/ (Stand Juli 2023).

10 Dieser Text stammt von Jeanne Vera Caspar, www.naturgrund.ch (Stand Juli 2023).

11 Anleitung nach einem Gespräch mit Walle Gairing auf Grundlage des Ansatzes »transformation in natura« des uma institutes von Ursula und David Seghezzi. Mehr dazu unter: www.wald-seele-raum.net (Stand Juli 2023).

12 Clemens Bittlinger: Und so geh nun deinen Weg. Text abrufbar z.B. über https://www.evangeliums.net/lieder/lied_und_so_geh_nun_deinen_weg.html (Stand Juli 2023).

13 Shaban & Käptn Peng: Sie mögen sich, 2012.

14 https://www.destatis.de/DE/Themen/Querschnitt/Demografischer-Wandel/Hintergruende-Auswirkungen/demografie-ehen.html (Stand Juli 2023).

15 Diesen Titel habe ich mir von der Funerale 10 von Prof. Dr. Thomas Klie aus Rostock geliehen. Es wird auch der Titel des Tagesbandes sein, der voraussichtlich 2023 erscheinen wird.

16 https://www.rosengarten-tierbestattung.de/magazin/detail/trauerspruech-und-beileidsbekundungen-fuer-den-abschied/ (Stand Juli 2023).

17 https://www.rosengarten-sterne.de/gedenkseite/zeige/nora-1ba78f0e48/ (Stand Juli 2023).

18 Das Gebet stammt aus der Broschüre »Abschied nehmen daheim« des Arbeitskreises Kirche und Tiere (AKUT) mit Sitz in Zürich, vgl. https://files.web.host.ch/a9/9a/a99a1c35-0ec1-4ebc-8769-0feafd7262af.pdf (Stand Juli 2023).

19 Vgl. Julian Sengelmann: Feiertag! Die Bedeutung unserer christlichen Feste, Hamburg 2017, 222.

